به نام خالق عشق

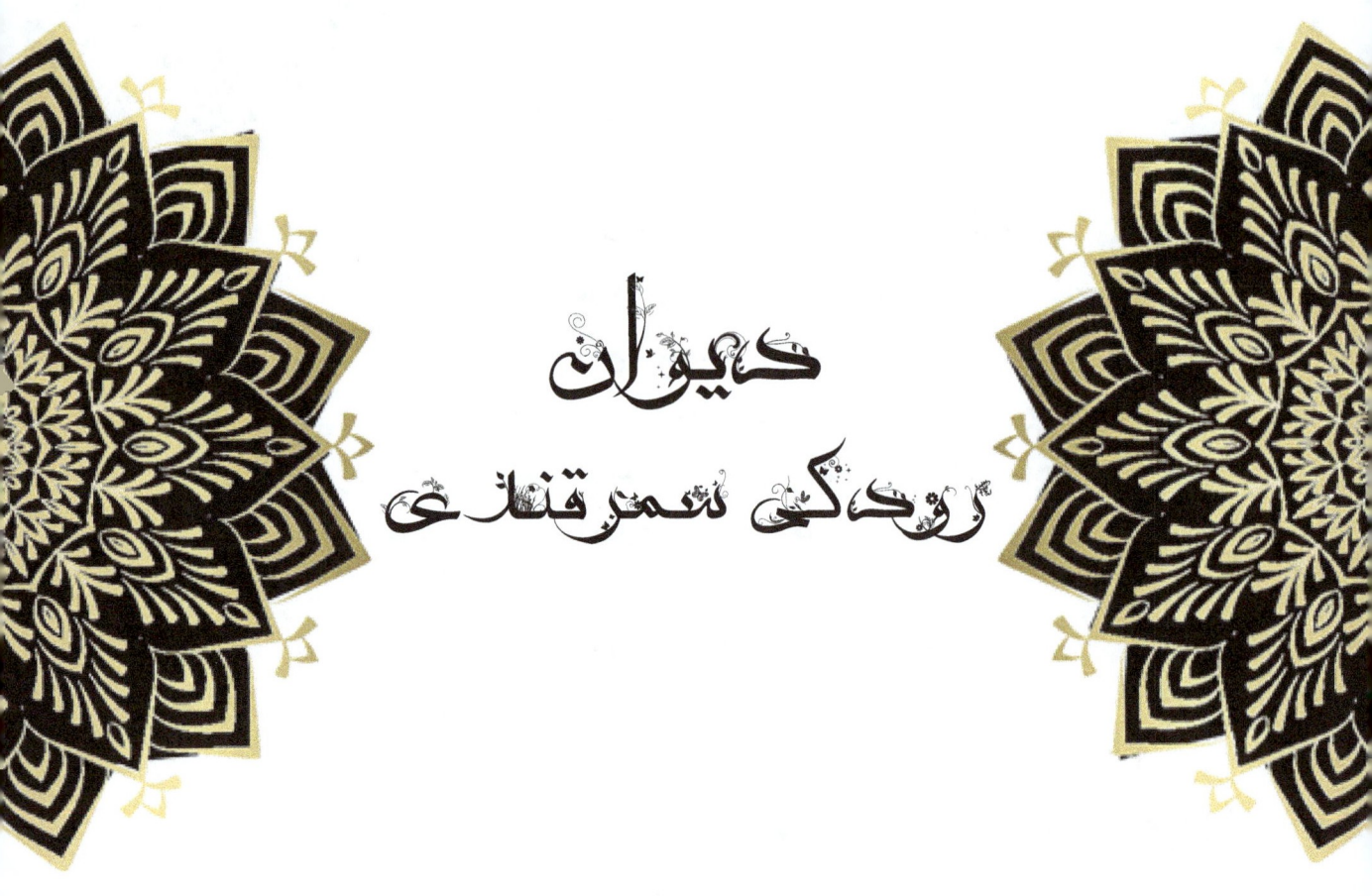

دیوان

رودکی سمرقندی

سریال کتاب: H2325100151
عنوان : دیوان سمرقندی
پدید آورنده: ابوعبدالله جعفر بن محمد بن حکیم
بن عبدالرحمن بن آدم متخلص به رودَکی
تصحیح : سعید نفیسی
ویراستاری: سید علی هاشمی
گردآوری و نسخه خوانی: مهری صفری اسکوییی
صفحه‌آرایی: یاسر صالحی، محبوبه لعل‌پور
طراح جلد: زهرا بگدلی، نغمه کشاورز
شابک: ISBN 978-1-77892-041-7
موضوع: شعر،قصیده، رباعی، مثنوی
متا دیتا: Poem ، Farsi
مشخصات کتاب: گالینگور ، رنگی
تعداد صفحات : 146
تاریخ نشر در کانادا: December 2023
به کوشش: سید علی هاشمی، نغمه کشاورز
انتشارات همکار: موسسه انتشارات پارسیان البرز
منتشر شده توسط: خانه انتشارات کیدزوکادو
ونکوور، کانادا

Kidsocado Publishing House

خانه انتشارات کیدزوکادو
ونکوور، کانادا
تلفن : ۸۶۵۴ ۶۳۳ ۸۳۳ ۱ +
واتس آپ: ۷۲۴۸ ۳۳۳ ۲۳۶ ۱+
ایمیل : info@kidsocado.com
وبسایت انتشارات:https://kidsocadopublishinghouse.com
وبسایت فروشگاه:https://kphclub.com

شاد زی با سیاه چشمان، شاد
که جهان نیست جز فسانه و باد

مقدمه

رودکی، استاد شاعران و پدر شعر فارسی دری است. اگرچه او نخستین کسی نیست که در دوران پس از اسلام به فارسی شعر سروده است، اما بدون شک اولین شاعر بزرگ فارسی‌زبان در دوران اسلامی است که مجموعه‌ای از اشعارش برای ما به یادگار مانده است. رودکی در سال ۲۳۷ هجری در منطقه رودک تاجیکستان به دنیا آمد. از آنجا که این منطقه، به شهر سمرقند (در ازبکستان) نزدیک است، از گذشته به او رودکی سمرقندی نیز گفته شده است. زندگی این شاعر بزرگ در سال ۳۱۹ هجری قمری به پایان رسید و پیکر او در همان منطقه رودک به خاک سپرده شد.

گذشت زمان و حوادث و بلاهایی که بر سر ایران و فرهنگ ایرانی آمد، موجب از بین رفتن بخش عمده‌ای از اشعار و آثار رودکی، شاعر گران‌قدر فارسی‌زبان شده است؛ اما امروزه خوش‌وقتیم که بخشی، هرچند کوتاه، از مجموعه آثار او را در اختیار داریم. آن‌طور که از شواهد و قرائن پیداست، رودکی علاوه‌بر مجموعه قصاید، غزلیات و رباعی‌ها، چندین مثنوی داشته است که از آن میان، مثنوی‌های کلیله و دمنه و سِندبادنامه از همه معروف‌تر هستند. متاسفانه امروزه، فقط ابیات پراکنده‌ای از این آثار در دست است.

مجموعهٔ حاضر، با هدف گسترش ارتباط ایرانیان و فارسی‌زبانان سراسر دنیا با اشعار رودکی آماده شده است. در این اثر، مجموعه اشعار باقی مانده از رودکی به شکلی زیبا و درست فراهم شده و به حضور شما خواننده گرامی تقدیم می‌شود. چاپ‌های متعددی از دیوان رودکی توسط پژوهشگران و اندیشمندان زبان و ادبیات فارسی منتشر و روانه بازار شده است که هر یک در جایگاه خود، حائز اهمیت و قدر و ارزش هستند؛ اما از آنجا که بنای ما در این اثر بر ارائه یک اثر کم‌غلط و خواندنی برای عموم مردم بوده است، دست از نکته‌سنجی‌های موشکافانه کشیدیم و آن را به فرصتی دیگر وانهادیم؛ ازاین‌رو کتاب حاضر را با ویرایش مناسب و بر مبنای چاپ استاد سعید نفیسی از دیوان رودکی (با اندکی تغییر) فراهم کردیم.

از آنجا که فاصله زمانی طولانی میان ما و رودکی وجود دارد و نسخه‌های خطی دقیق و صحیحی از آثار او در دست نیست، در مواردی، بعضی اشعار ناقص هستند یا کلمات نامفهومی دارند که هنوز صورت صحیح آنها پیدا نشده است. همچنین به دلیل قدمت اثر، کلمات بسیاری در اشعار او وجود دارند که امروزه به کار نمی‌روند. پس در هنگام مطالعه اشعار رودکی به این نکات توجه کنید. امیدواریم که این تلاش، بتواند جلوه‌گر فرهنگ عظیم ایران باشد.

شاد و سرخوش و خوش‌دل باشید.

فهرست مطالب

قصاید و قطعات و ابیات پراکندهٔ به هم پیوسته ۱۳
رباعیات ۶۹
ابیات پراکنده که به هم پیوسته نیست ۷۹
ابیات پراکنده از مثنوی بحر رمل دو منظومهٔ کلیله و دمنه و سِندبادنامه ۱۰۵
ابیات پراکنده از مثنوی بحر متقارب ۱۲۳
ابیات پراکنده از مثنوی بحر خفیف ۱۳۱
ابیات پراکنده از مثنوی بحر هزج ۱۳۷
ابیات پراکنده از مثنوی‌های اوزان دیگر ۱۴۱

۹

آغاز سخن

رودکی، استاد شاعران و پدر شعر فارسی دری است. اگرچه او نخستین کسی نیست که در دوران پس از اسلام به فارسی شعر سروده است، اما بدون شک اولین شاعر بزرگ فارسی‌زبان در دوران اسلامی است که مجموعه‌ای از اشعارش برای ما به یادگار مانده است. رودکی در سال ۲۳۷ هجری در منطقه رودک تاجیکستان به دنیا آمد. از آنجا که این منطقه، به شهر سمرقند (در ازبکستان) نزدیک است، از گذشته به او رودکی سمرقندی نیز گفته شده است. زندگی این شاعر بزرگ در سال ۳۱۹ هجری قمری به پایان رسید و پیکر او در همان منطقه رودک به خاک سپرده شد.

گذشت زمان و حوادث و بلاهایی که بر سر ایران و فرهنگ ایرانی آمد، موجب از بین رفتن بخش عمده‌ای از اشعار و آثار رودکی، شاعر گران‌قدر فارسی‌زبان شده است؛ اما امروزه خوش‌وقتیم که بخشی، هرچند کوتاه، از مجموعه آثار او را در اختیار داریم. آن‌طور که از شواهد و قرائن پیداست، رودکی علاوه‌بر مجموعه قصاید، غزلیات و رباعی‌ها، چندین مثنوی داشته است که از آن میان، مثنوی‌های کلیله و دمنه و سِندبادنامه از همه معروف‌تر هستند. متاسفانه امروزه، فقط ابیات پراکنده‌ای از این آثار در دست است.

مجموعهٔ حاضر، با هدف گسترش ارتباط ایرانیان و فارسی‌زبانان سراسر دنیا با اشعار رودکی آماده شده است. در این اثر، مجموعه اشعار باقی مانده از رودکی به شکلی زیبا و درست فراهم شده و به حضور شما خواننده گرامی تقدیم می‌شود. چاپ‌های متعددی از دیوان رودکی توسط پژوهشگران و اندیشمندان زبان و ادبیات فارسی منتشر و روانه بازار شده است که هر یک در جایگاه خود، حائز اهمیت و قدر و ارزش هستند؛ اما از آنجا که بنای ما در این اثر بر ارائه یک اثر کم‌غلط و خواندنی برای عموم مردم بوده است، دست از نکته‌سنجی‌های موشکافانه کشیدیم و آن را به فرصتی دیگر وانهادیم؛ ازاین‌رو کتاب حاضر را با ویرایش مناسب و بر مبنای چاپ استاد سعید نفیسی از دیوان رودکی (با اندکی تغییر) فراهم کردیم.

از آنجا که فاصله زمانی طولانی میان ما و رودکی وجود دارد و نسخه‌های خطی دقیق و صحیحی از آثار او در دست نیست، در مواردی، بعضی اشعار ناقص هستند یا کلمات نامفهومی دارند که هنوز صورت صحیح آن‌ها پیدا نشده است. همچنین به دلیل قدمت اثر، کلمات بسیاری در اشعار او وجود دارند که امروزه به کار نمی‌روند. پس در هنگام مطالعه اشعار رودکی به این نکات توجه کنید. امیدواریم که این تلاش، بتواند جلوه‌گر فرهنگ عظیم ایران باشد.

شاد و سرخوش و خوش‌دل باشید.

باب اول

قصاید و قطعات و ابیات پراکندهٔ به هم پیوسته

گر من این دوستی تو ببرم تا لب گور / بزنم نعره ولیکن ز تو بینم هنرا
اثر میر نخواهم که بماند به جهان / میر خواهم که بماند به جهان در اثرا
هر که را رفت همی باید رفته شُمَری / هر که را مرد همی باید مرده شُمَرا

٭ ٭ ٭

پوپک دیدم به حوالی سرخس / بانگک بر بُرده به ابر اندرا
چادرکی دیدم رنگین برو / رنگ بسی گونه بر آن چادرا
ای پرغونه و باژگونه جهان / مانده من از تو به شگفت اندرا

٭ ٭ ٭

جهانا! چنینی تو با بچگان / که گه مادری و گاه مادندرا
نه پاذیر باید تو را نه ستون / نه دیوار خشت و نه زآهن درا

٭ ٭ ٭

به حق نالم ز هجر دوست زارا / سحرگاهان چو بر گُلبُن هَزارا
قضا گر داد من نستاند از تو / ز سوز دل بسوزانم قضا را
چو عارض برفروزی می‌بسوزد / چو من پروانه بر گردت هِزارا
نگُنجم در لَحَد گر زان که لَختی / نشینی بر مزارم سوگوارا

جهان این است و چونین است تا بود / و همچونین بُوَد اینند، یارا
به یک گردش به شاهنشاهی آرد / دهد دیهیم و تاج و گوشوارا
توشان زیر زمین فرسوده کردی / زمین داده بر ایشان بر زغارا
از آن جانِ تو لختی خون فِسُرده / سپرده زیر پای اندر سپارا

٭ ٭ ٭

گرفت خواهم زلفین عنبرین تو را / به بوسه نقش کنم برگ یاسمین تو را
هر آن زمین که تو یک ره برو قدم بنهی / هزار سجده برم خاک آن زمین تو را
هزار بوسه دهم بر سخای نامهٔ تو / اگر ببینم بر مهر او نگین تو را
به تیغ هندی گو دست من جدا بکنند / اگر بگیرم روزی من آستین تو را
اگرچه خامش مردم که شعر باید گفت / زبان من به روی گردد آفرین تو را

٭ ٭ ٭

کس فرستاد به سر اندر عیار مرا / که مکن یاد به شعر اندر بسیار مرا
وین فژه پیر ز بهر تو مرا خوار گرفت / برهاناد ازو ایزد جبّار مرا

٭ ٭ ٭

به نام نیک تو خواجه، فریفته نشوم / که نام نیک تو دام است و زرق، مرنان را

کسی که دام کند نام نیک از پی نان　　　یقین بدان تو که دام است دانش مرجان را

* * *

دلا تا کی همی جویی منی را　　　چه داری دوستْ هرزه دشمنی را؟
چرا جویی وفا از بی‌وفایی؟　　　چه کوبی بیهُده سرد آهنی را؟
اَیا سوسن بناگوشی که داری　　　به رشک خویشتن هر سوسنی را
یکی زین برزن ناراه برشو　　　که بر آتش نشانی برزنی را
دل من ارزنی، عشق تو کوهی　　　چه سایی زیر کوهی ارزنی را؟
ببخشا ای پسر بر من ببخشا　　　مکُش در عشق، خیره چون منی را
بیا اینک نگه کن رودکی را　　　اگر بی‌جان روان خواهی تنی را

* * *

با عاشقان نشین و همه عاشقی گزین　　　با هر که نیست عاشق کم کن قرینیا
باشد گه وصال ببینند روی دوست　　　تو نیز در میانهٔ ایشان ببینیا
تا اندران میانه که بینند روی او　　　تو نیز در میانهٔ ایشان نشینیا

* * *

آمد بهار خرّم با رنگ و بوی طیب　　　با صدهزار نُزهَت و آرایش عجیب

شاید که مرد پیر بدین گه شود جوان
گیتی بَدیل یافت شَباب از پی مَشیب

چرخ بزرگوار یکی لشکری بکرد
لشکرْش ابر تیره و باد صبا نقیب

نَفّاط، برق روشن و تندرْش، طبل‌زن
دیدم هزار خیل و ندیدم چنین مهیب

آن ابر بین که گرید چون مرد سوگوار
و آن رعد بین که نالد چون عاشق کئیب

خورشید را ز ابر دمد روی گاه‌گاه
چونان حصاری‌ای که گذر دارد از رقیب

یک چند روزگار جهان دردمند بود
به شد که یافت بوی سمن، باد را طبیب

باران مشک‌بوی ببارید نوبه‌نو
وز برگ برکشید یکی حُلهٔ قصیب

کنجی که برف پیش همی‌داشت گل گرفت
هر جویکی که خشک همی‌بود شد رطیب

تندر میان دشت همی باد بردمد
برق از میان ابر همی برکشد قضیب

لاله میان کشت بخندد همی ز دور
چون پنجهٔ عروس به حنّا شده خضیب

بلبل همی‌بخوانَد در شاخسار بید
سار از درخت سرو مر او را شده مُجیب

صُلصُل به سروبن بر، با نغمهٔ کهن
بلبل به شاخ گل بر، با لحنک غریب

اکنون خورید باده و اکنون زیید شاد
کاکنون برد نصیب، حبیب از بر حبیب

ساقی گزین و باده و می خور به بانگ زیر
کز کشت، سار نالد و از باغ عندلیب

هرچند نوبهار، جهان است به چشم خوب
دیدار خواجه خوب‌تر، آن مهتر حسیب

شیب تو با فراز و فراز تو با نشیب
فرزند آدمی به تو اندر به شیب و تیب

دیدی تو ریژ و کام بدو اندرون بسی		با ریدکان مطرب بودی به فرّ و زیب

* * *

گل صدبرگ و مشک و عنبر و سیب		یاسمین سپید و مورد بزیب
این همه یکسره تمام شده است		نزد تو، ای بت ملوک‌فریب
شب عاشقت لیلة‌القدرست		چون تو بیرون کنی رخ از جلبیب
به حجاب اندرون شود خورشید		گر تو برداری از دو لاله حجیب
وآن زنخدان به سیب ماند راست		اگر از مشک خال دارد سیب

* * *

با خردومند بی‌وفا بوَد این بخت		خویشتن خویش را بکوش تو یک لخت
خود خورو خود ده کجا نبود پشیمان		هر که بداد و بخورد از آن چه که بَلْفَخْت

* * *

رودکی چنگ برگرفت و نواخت		باده انداز، کو سرود انداخت

زان عقیقین میی که هر که بدید		از عقیق گداخته نشناخت
هر دو یک گوهرند، لیک به طبع		این بیفسرد و آن دگر بگداخت

نابسوده دو دست رنگین کرد   ناچشیده به تارک اندر تاخت

* * *

به سرای سپنج مهمان را   دل‌نهادن همیشگی نه رواست
زیر خاک اندرونت باید خُفت   گر چه اکنونت خواب بر دیباست
با کسان بودنت چه سود کند؟   که به گور اندرون شدن تنهاست
یار تو زیر خاک، مور و مگس   چشم بگشا، ببین، کنون پیداست
آن که زلفین و گیسویت پیراست   گرچه دینار یا درمش بهاست
چون تو را دید زردگونه شده   سرد گردد دلش، نه نابیناست

* * *

امروز به هر حالی بغداد بخاراست   کجا میر خراسانست، پیروزی آنجاست
ساقی، تو بده باده و مطرب تو بزن رود   تا می خورم امروز که وقت طرب ماست
می هست و درم هست و بت لاله‌رخان هست   غم نیست و گر هست نصیب دل اعداست

* * *

زمانه پندی آزادوار داد مرا   زمانه چون نگری سر به سر همه پنداست
به روز نیک کسان گفت تا تو غم نخوری   بسا کسا که به روز تو آرزومند است

زمانه گفت مرا خشم خویش دار نگاه   که راز بان نه به بند است، پای در بند است

* * *

این جهان پاک خواب‌کردار است   آن شناسد که دلش بیدار است
نیکی او به جایگاه بد است   شادی او به جای تیمار است
چه نشینی بدین جهان هموار؟   که همه کار او نه هموار است
دانش او نه خوب و چهرش خوب   زشت‌کردار و خوب‌دیدار است

* * *

به‌خیره برشمر دسیر خورده گرسنه‌را   چنان‌که درد کسان بر دگر کسی خوارست
چو پوست رو به ببینی به‌خان واتگران   بدان که تهمت او دنبهٔ به سرکارست

* * *

آن صحن چمن که از دم دی   گفتی دم گرگ یا پلنگ است
اکنون ز بهار مانوی‌طبع   پرنقش‌ونگار همچو ژنگ است
بر کشتی عمر تکیه کم کن   کاین نیل نشیمن نهنگ است

* * *

مرغ دیدی که بچه زو ببرند؟   چاو چاوان درست چونان است

باز چـون بـرگرفت پـرده ز روی کـروه دندان و پشت چوگان است

* * *

آخـر هـر کـس از دو بیـرون نیست یـا بـرآوردنی‌ست، یـا زدنی‌ست
نـه بـه آخـر هـمـه بـفـرسـایـد؟ هرکه انجام راست فرسُدنی‌ست

* * *

چون تیغ به دست آری، مردم نتوان کشت نزدیک خداوند بدی نیست فرامُشت
این تیغ نه از بهرِ ستمکاران کردند انگور نه از بهرِ نبیذ است به چرخشت
عیسی به رهی دید یکی کشته فتاده حیران شد و بگرفت به دندان سرانگشت
گفتا که که را کشتی تا کشته شدی زار؟ تا باز که او را بکشد؟ آن که تو را کشت
انگشت مکن رنجه به در کوفتن کس تا کس نکند رنجه به در کوفتنت مشت

* * *

مـهر مفگن برین سـرای سپنج کین جهان پاک بازی‌ای نیرنج
نـیکِ او را فسـانـه‌واری شو بدِ او را کمرت سخت بتنج

* * *

پیشم آمد بامداد آن دلبر از راه شکوخ
باد و رخ از شرم لعل و با دو چشم از سِحر شوخ

آستین بگرفتمش، گفتم که مهمان من آی
داد پوشیده جوابم، مورد و انجیر و کلوخ

***

ای روی تو چو روز دلیل موحدان
وی موی تو چنان چو شب ملحد از لحد

ای من مقدم از همه عشاق، چون تو یی
مر حُسن را مقدم، چون از کلام قد

مکّی به کعبه فخر کند، مصریان به نیل
ترسا به اسقف و علوی به افتخار جد

فخر رهی بدان دو سیه چشمکان توست
کآمد پدید زیر نقاب از بر دو خد

***

شاد زی با سیاه چشمان، شاد
که جهان نیست جز فسانه و باد

زآمده شادمان بباید بود
وز گذشته نکرد باید یاد

من و آن جَعدموی غالیه‌بوی
من و آن ماه‌روی حورنژاد

نیک‌بخت آن کسی که داد و بخورد
شوربخت آن که او نخورد و نداد

باد و ابر است این جهان، افسوس!
باده پیش آر، هر چه بادا باد

شاد بوده است از این جهان هرگز
هیچ‌کس تا از او تو باشی شاد؟

داد دیده است از او به هیچ سبب   هیچ فرزانه تا تو بینی داد؟

* * *

جهان به کام خداوند باد و دیر زیاد   برو به هیچ حوادث زمانه دست مداد

درست و راست کناد این مثل خدای ورا   اگر ببست یکی در، هزار در بگشاد

خدای عرش جهان را چنین نهاد نهاد   که گاه مردم شادان و گه بود ناشاد

خدای چشم بد از ملک تو بگرداناد

* * *

چهار چیز مر آزاده را ز غم بخرد

تن درست و خوی نیک و نام نیک و خرد

هر آن که ایزدش این هر چهار روزی کرد

سزد که شاد زید جاودان و غم نخورد

* * *

از دوست به هر چیز چرا بایدت آزرد؟

کین عیش چنین باشد گه شادی و گه درد

گر خوار کند مهتر، خواری نکند عیب

چون بازنوازد، شود آن داغ جفا سرد

صد نیک به یک بد نتوان کرد فراموش

گر خار براندیشی خرما نتوان خورد

او خشم همی‌گیرد، تو عذر همی‌خواه
هر روز به نو یار دگر می‌نتوان کرد

* * *

حاتم طایی تویی اندر سخا — رستم دستان تویی اندر نبرد
نی که حاتم نیست با جود تو راد — نی که رستم نیست در جنگ تو مرد

* * *

چون بچهٔ کبوتر منقار سخت کرد — هموار کرد پرّ و بیوگند موی زرد
کابوک را نخواهد، شاخ آرزو کند — وز شاخ سوی بام شود باز گردگرد

* * *

مُرد مرادی نه همانا که مُرد — مرگ چنان خواجه نه کاری‌ست خُرد
جان گرامی به پدر باز داد — کالبد تیره به مادر سپرد
آنِ مَلک با مَلکی رفت باز — زنده کنون شد که تو گویی بِمُرد
کاه نَبُد او که به بادی پرید — آب نَبُد او که به سرما فِسُرد
شانه نبود او که به مویی شکست — دانه نبود او که زمینش فشرد
گنج زری بود در این خاکدان — کاو دو جهان را به جوی می‌شمرد

قالب خاکی سوی خاکی فگند　　جان و خِرَد سوی سماوات برد
جان دوم را که ندانند خلق　　مِصقَله‌ای کرد و به جانان سپرد
صاف بُد آمیخته با دُرد می　　بر سر خُم رفت و جدا شد ز دُرد
در سفر افتند به هم ای عزیز　　مَروزی و رازی و رومی و کُرد
خانهٔ خود بازرَوَد هر یکی　　اطلس کی باشد همتای بُرد؟
خامُش کن چون نُقَط ایرا مَلِک　　نام تو از دفتر گفتن سِتُرد

* * *

زلف تو را جیم که کرد؟ آن که کرد　　خال تو را نقطهٔ آن جیم کرد
وآن دهن تنگ تو گویی کسی　　دانِگَکی نار به دو نیم کرد

* * *

فرشته را ز حلاوت دهان پر آب شود　　چو از حرارت می دلبرم لبان لیسد
روان ز دیدهٔ افلاکیان شود جیحون　　نصال تیرت اگر قبضهٔ کمان لیسد
به خاک خفتهٔ تیغ تو از حلاوت زخم　　زبان برآورد و زخم را دهان لیسد

* * *

ملکا، جشن مهرگان آمد　　جشن شاهان و خسروان آمد

خز به جای ملحم و خرگاه بدل باغ و بوستان آمد
مورد به جای سوسن آمد باز می به جای ارغوان آمد
تو جوانمرد و دولت تو جوان می به بخت تو نوجوان آمد

***

گل دگر ره به گلستان آمد وارهٔ باغ و بوستان آمد
وار آذر گذشت و شعلهٔ او شعلهٔ لاله را زمان آمد

***

دیر زیاد! آن بزرگوار خداوند جان گرامی به جانش اندر پیوند
دائم بر جان او بلرزم، زیراک مادر آزادگان کم آرد فرزند
از ملکان کس چون او نبود جوانی راد و سخندان و شیرمرد و خردمند
کس نشناسد همی که کوشش او چون؟ خلق نداند همی که بخشش او چند
دست و زبان زر و در پراگند او را نام به گیتی نه از گزاف پراگند
در دل ما شاخ مهربانی بنشاست دل نه به بازی ز مهر خواسته برکند
همچو معماست فخر و همت او شرح همچو ابستاست فضل و سیرت او زند
گرچه بکوشند شاعران زمانه مدح کسی را، کسی نگوید مانند

سیرت او تخم کشت و نعمت او آب — خاطر مداح او زمین برومند
سیرت او بود وحی نامه به کسری — چون که به آیینش پندنامه بیاگند
سیرت آن شاه پندنامهٔ اصلی‌ست — ز آنکه همی روزگار گیرد از او پند
هر که سر از پند شهریار بپیچید — پای طرب را به دام گُرم درافکند
کیست به گیتی خمیرمایهٔ ادبار؟ — آن که به اقبال او نباشد خرسند
هر که نخواهد همی گشایش کارش — گو بشو و دست روزگار فروبند
ای ملک، از حال دوستانش همی‌ناز — ای فلک، از حال دشمنانش همی‌خند
آخر شعر آن کنم که اول گفتم — دیر زیاد! آن بزرگوار خداوند

***

جز آن که مستی عشق است هیچ مستی نیست
همین بلات بس است، ای به هر بلا خرسند
خیال رزم تو گر در دل عدو گردد
ز بیم تیغ تو بندش جدا شود از بند
ز عدل توست به هم باز و صعوه را پرواز
ز حکم توست شب و روز را به هم پیوند
به خوشدلی گذران بعد از این که باد اجل
درخت عمر بداندیش را ز پا افگند

همیشه تا که بود از زمانه نام و نشان
مدام تا که بود گردش سپهر بلند

به بزم عیش و طرب باد نیک‌خواه تو شاد
حسود جاه تو بادا ز غصه زار و نژند

* * *

نیز ابا نیکوان نمایدت جنگ فند
لشکرفریادنی، خواسته‌نی‌سودمند

قند جداکن‌ازوی، دورشوازز‌هردند
هرچه‌به‌آخربه‌است‌جان‌تورا‌آن‌پسند

* * *

صَرصَر هجر تو، ای سرو بلند
ریشهٔ عمر من از بیخ بکند

پس چرا بستهٔ اویم همه عمر؟
اگر آن زلف دوتا نیست کمند

به یکی جان نتوان کرد سؤال
کز لب لعل تو یک بوس به چند؟

بفگند آتش اندر دل حُسن
آن‌چه هجران تو از سینه فگند

* * *

مهتران جهان همه مُردند
مرگ را سر همه فرو کردند

زیر خاک اندرون شدند آنان
که همه کوشک‌ها برآوردند

از هزاران هزار نعمت و ناز
نه به آخر به جز کفن بردند؟

بـود از نعمـت آنچـه پوشیدند و آنچه دادند و آنچه را خوردند

***

مرا تو راحت جانی، معاینه، نه خبر که را معاینه آید خبر چه سود کند؟
سپر به پیش کشیدم خدنگ قهر تو را چو تیر بر جگر آید سپر چه سود کند؟

***

تـا کـی گـویـی کـه اهـل گیتی در هستی و نیستی لئیماند؟
چـون تـو طمع از جهان بریدی دانـی که همـه جهان کریماند

***

اگرچه عـذر بـسی بـود روزگـار نبود
چنان که بود به ناچار خویشتن بخشود
خدای را بستودم که کردگار من است
زبانم از غزل و مـدح بندگانش نسود
همه به تُنبُل و بند است بازگشتن او
شرنگ‌نوش آمیغ است و روی زراندود
بنفشه‌های طری خیل‌خیل بر سر کوه
چو آتشی که به گوگرد بردوید کبود
بیار و هـان بده آن آفتاب کش بخوری
ز لب فروشـود و از رخـان برآید زود

✳✳✳

مرا بسود و فروریخت هرچه دندان بود
نبود دندان، لا بل چراغ تابان بود

سپید سیم رده بود و دُرّ و مرجان بود
ستارهٔ سحری بود و قطره باران بود

یکی نماند کنون زآن‌همه، بسود و بریخت
چه نحس بود! همانا که نحس کیوان بود

نه نحس کیوان بود و نه روزگار دراز
چه بود؟ منت بگویم قضای یزدان بود

جهان همیشه چو چشمی‌ست، گِرد و گَردان است
همیشه تا بوَد، آیین گِرد، گَردان بود

همان که درمان باشد، به جای درد شود
و باز درد، همان کز نخست درمان بود

کهن کند به زمانی همان کجا نو بود
و نو کند به زمانی همان که خُلقان بود

بسا شکسته بیابان که باغ خرم بود
و باغِ خرّم گشت آن کجا بیابان بود

همی چه دانی؟ ای ماه‌روی مشکین‌موی
که حال بنده از این پیش بر چه سامان بود؟!

به زلف چوگان نازِش همی‌کنی تو بدو
ندیدی آنگه او را که زلف، چوگان بود

شد آن زمانه که رویش به‌سان دیبا بود
شد آن زمانه که مویش به‌سان قطران بود

چنان که خوبی، مهمان و دوست بود عزیز
بشد که بازنیامد، عزیز مهمان بود

بسا نگار که حیران بُدی بدو در، چشم
به روی او در، چشمم همیشه حیران بود

شد آن زمانه که او شاد بود و خرّم بود
نشاط او به فزون بود و بیم نقصان بود

همی‌خرید و همی‌سخت، بی‌شمار درم
به شهر هر که یکی ترک نارپستان بود

بسا کنیزک نیکو که میل داشت بدو
به شب ز یاری او نزد جمله پنهان بود

به روز چون که نیارست شد به دیدن او
نهیب خواجهٔ او بود و بیم زندان بود

نبیذ روشن و دیدار خوب و روی لطیف
اگر گران بد، زی من همیشه ارزان بود

دلم خزانهٔ پر گنج بود و گنج سخن
نشان نامهٔ ما مهر و شعر، عنوان بود

همیشه شاد و ندانستمی که غم چه بود؟
دلم نشاط و طرب را فراخ میدان بود

بسا دلا که به‌سان حریر کرده به شعر
از آن سپس که به کردار سنگ و سندان بود

همیشه چشمم زی زلفکان چابک بود
همیشه گوشم زی مردم سخندان بود

عیال نه، زن و فرزند نه، معونت نه
از این همه تنم آسوده بود و آسان بود

تو رودکی را -ای ماه‌رو!- کنون بینی
بدان زمانه ندیدی که این چنینان بود

بدان زمانه ندیدی که در جهان رفتی
سرودگویان، گویی هزاردستان بود

شد آن زمان که به او انس رادمردان بود
شد آن زمانه که او پیشکار میران بود

همیشه شعر ورا زی ملوک دیوان است
همیشه شعر ورا زی ملوک دیوان بود

شد آن زمانه که شعرش همه جهان بنَوَشت
شد آن زمانه که او شاعر خراسان بود

کجا به گیتی بوده است نامور دهقان
مرا به خانهٔ او سیم بود و حُملان بود

که را بزرگی و نعمت ز این و آن بودی
ورا بزرگی و نعمت ز آل‌سامان بود

بداد میر خراسانش چل هزار درم
وزو فزونی یک پنجِ میرِ ماکان بود

ز اولیاش پراگنده نیز هشت هزار
به من رسید بدان وقت، حالِ خوب آن بود

چو میر دید سخن، داد دادِ مردیِ خویش
ز اولیاش چنان کز امیر فرمان بود

کنون زمانه دگر گشت و من دگر گشتم
عصا بیار که وقت عصا و انبان بود

***

می آرد شرف مردمی پدید — آزاده نژاد از درم خرید
می آزاده پدید آرد از بداصل — فراوان هنرست اندرین نبید
هرآن‌گه‌که‌خوری‌می‌خوش‌آن‌گه‌است — خاصه چو گل و یاسمن دمید
بسا حصن بلندا که می گشاد — بسا کرهٔ نوزین که بشکنید
بسا دون بخیلا که می بخورد — کریمی به جهان در پراگنید

***

کار همه راست، آن چنان که بباید — حال شادی‌ست، شاد باشی، شاید

اندە و اندیشه را دراز چه داری؟ دولت، خود، همان کند که بباید
رای وزیران تو را به کار نیابد هرچه صواب است بخت خود فرماید
چرخ نیارد بدیل تو ز خلایق و آن که تو را زاد نیز چون تو نزاید
ایزد هرگز دری نبندد بر تو تا صد دگر به بهتری نگشاید

* * *

دریا دو چشم و آتش بر دل همی‌فزاید
مردم میان دریا و آتش چگونه پاید؟
نیش نهنگ دارد، دل را همی خساید
ندهم که ناگوارد کایدون نه خرد خاید

* * *

اندی که امیر ما بازآید پیروز مرگ از پس دیدنش روا باشد و شاید
پنداشت همی حاسد کو بازنیاید بازآمد تا هر شفکی ژاژ نخاید

* * *

هر باد که از سوی بخارا به من آید با بوی گل و مشک و نسیم سمن آید
بر هر زن و هر مرد، کجا بروزد آن باد گویی مگر آن باد همی از ختن آید
نی نی، ز ختن باد چون او خوش نوزد هیچ کان باد همی از بر معشوق من آید

هر شب نگرانم به یمن تا تو برآیی　　زیرا که سهیلی و سهیل از یمن آید

کوشم که بپوشم صنما نام تو از خلق　　تا نام تو کم در دهن انجمن آید

باهرکه‌سخن‌گویم، اگرخواهم‌وگرنی　　اول سخنم نام تو اندر دهن آید

***

دریغ! مدحت چون در و آبدار غزل
که چابکیش نیاید همی به لفظ پدید

اساس طبع ثنایست، بل قوی‌تر ازان
ز آلت سخن آمد همی همه مانید

***

کسی را که باشد به دل مهر حیدر　　شود سرخرو در دو گیتی به آور

ایا سروبن، در تک و پوی آنم　　که فرغندآسا بپیچم به توبر

***

بود اعور و کوسج و لنگ و پس من
نشته برو چون کلاغی بر اعور

***

نگارینا شنیدستم که گاه محنت و راحت
سه پیراهن سلب بوده‌ست یوسف را به عمر اندر

یکی از کید شد پرخون، دوم شد چاک از تهمت
سوم یعقوب را از بوش روشن گشت چشم تر

رخم ماند بدان اول، دلم ماند بدان ثانی
نصیب من شود در وصل آن پیراهن دیگر؟

***

بر رخش زلف عاشق است چو من — لاجرم همچو منش نیست قرار
من و زلفین او نگونساریم — او چرا بر گل است و من بر خار؟
همچو چشمم توانگر است لبم — آن به لعل، این به لؤلؤ شهوار
تا به خاک اندرت نگرداند — خاک و ماک از تو بر ندارد کار
رگ که با پیشیار بنمایی — دل تو خوش کند به خوش گفتار
باد یک چند بر تو پیماید — اندر آتش روا شود بازار
لعل می را ز درج خم برکش — در کدو نیمه کن، به پیش من آر
زن و دخترش گشته مویه‌کنان — رخ کرده به ناخنان شدکار

***

مرا جود او تازه دارد همیــــــــــــــــــــ مگر جودش ابر است و من کشتزار
«مگر» یک سو افکن که خود هم چنین ـــــــــــــ بیندیش و دیدهٔ خرد برگمار
ابا برق و با جستن صاعقه ــــــــــــــــــــــــــ ابا غلغل رعد در کوهسار
نه ماه سیامی، نه ماه فلک ــــــــــــــــــــــــ که اینت غلام است و آن پیشکار
نه چون پور میر خراسان که او ــــــــــــــــــ عطا را نشسته بود کردگار

* * *

اگر گل آرد بار آن رخان او، نه شگفت ــــــــ هر آینه چو همه می‌خورد، گل آرد بار
به زلف کژ، ولیکن به قد و قامت راست ــــــ به تن درست، ولیکن به چشمکان بیمار

* * *

گر شود بحر کف همّت تو موج زنان ــــــــــ ور شود ابر سر رایت تو توفان بار
بر موالیت بپاشد همه دُرّ و گوهر ــــــــــــــ بر اعادیت ببارد همه شخ کاسه و خار

* * *

ای خواجه، این همه که تو خود می‌دهی شمار ــــــ بادام ترّ و سیکی و بهمان و باستار
ماراست این جهان و جهان جوی مارگیر ــــــــــــ از مارگیر مار برآرد همی دمار

* * *

ای عاشق دل داده بدین جای سپنجی
همچون شَمَنی شیفته بر صورت فَرخار

امروز به اقبال تو، ای میر خراسان
هم نعمت و هم روی نکو دارم و سیار

درواز و دریــواز فروگشت و بــر آمد
بیم اسـت که یک بار فرود آیـد دیـوار

دیــوار کهن گشــته بـپرداز بــادیـز
یک روز همه پست شود، رنجش بگذار

آن خجش ز گردنش درآویخته گویی
خیکی‌ست پر از باد، درو ریخته از بار

آن کن که درین وقت همی کردی هر سال
خز پوش و به کاشانه رو از صفه و فروار

یاد آری و دانی که تویی زیرک و نادان
ور یاد نـداری تو سگالش کن و یادآر

***

به دور عدل تو در زیر چرخ مینایی
چنان گریخت ز دهر دورنگ، رنگ فتور

که باز شانه کند همچو باد سنبل را
به نیش چنگل خون ریز تارک عصفور

***

چـرخ فلـک هـرگـز پیـدا نکرد چـون تو یکی سفلهٔ دون و ژکور
خواجه ابوالقاسم از ننگ تو بر نکند سر به قیامت ز گور

٭٭٭

وقـت شبگیـر بـانگ نـالهٔ زیـر

دوستـا آن خـروش بـربـط تو خوشتر آید به گوشم از تکبیر
زاری زیر و این مـدار شگفت گر ز دشت اندر آورد نخجیر
تن او تیر نه، زمان به زمان به دل اندر همی‌گذارد تیر
گـاه گـریـان و گـه بنـالد زار بـامـدادان و روز تا شبگیر
آن زبـان‌آور و زبـانـش نه خبر عاشقـان کند تفسیر
گـاه دیـوانـه را کند هشیار گه به هشیار برنهد زنجیر

٭٭٭

چاکـرانت به گـه رزم چـو خیاطانند
گرچه خیاط نی‌اند، ای ملک کشورگیر
به گز نیزه قد خصم تو می‌پیمایند
تا ببُرّند به شمشیر و بدوزند به تیر

***

همی بکشتی تا در عدو نماند شجاع
همی بدادی تا در ولی نماند فقیر

بسا کسا که برّه است و فرخشه بر خوانش
بسا کسا که جوین‌نان همی‌نیابد سیر

مبادرت کن و خامش مباش چندینا
اگرت بدره رساند همی به بدر منیر

***

زیرش عطارد، آن که نخوانیش جز دبیر
یک نام او عطارد و یک نام اوست تیر

عاجز شود ز اشک دو چشم و غریو من
ابر بهارگاهی و بختور در مطیر

گیتی چو گاو نیک دهد شیر مر تو را
خود بازبشکند به کرانه خنور شیر

***

زندگانی چه کوته و چه دراز — نه به آخر بمرد باید باز؟
هم به چنبر گذار خواهد بود — این رسن را، اگرچه هست دراز
خواهی اندر عنا و شدت زی — خواهی اندر امان به نعمت و ناز

این همه باد و بود تو خواب است / خواب را حکم نی، مگر به مجاز
این همه روز مرگ یکسانند / نشناسی ز یک دگرشان باز
ناز، اگر خوب را سزاست به شرط / نسزد جز تو را کرشمه و ناز

***

روی به محراب نهادن چه سود؟
دل به بخارا و بتان طراز
ایــزد مــا وسوسهٔ عاشقی
از تو پذیرد، نپذیرد نماز

***

زمانه اسب و تو رایض، به رای خویشت تاز
زمانه گوی و تو چوگان به رای خویشت باز
اگرچه چنگ‌نوازان لطیف‌دست بوند
فدای دست قلم باد دست چنگ‌نواز
تویی که جور و بخیلی به تو گرفت نشیب
چنان‌که داد و سخاوت به تو گرفت فراز

***

چون سپرم نه میان بزم به نوروز / در مه بهمن بتاز و جان عدوسوز

باز تو بی‌رنج باش وجان تو خرم		با نی و با رود و با نبیذ فنا روز

* * *

همی برآیم با آن که برنیاید خلق		و برنیایم با روزگار خورده کریز
چه‌فضل‌میرابوالفضل‌بر‌همه‌ملکان؟		چه‌فضل‌گوهر و یاقوت‌بر‌نبهره پشیز؟

* * *

گر نه بدبختمی، مراکه فگند؟		به یکی جاف جاف زود غرس
او مرا پیش شیر بپسندد		من نتاوم برو نشسته مگس
گرچه نامردم است، مهر و وفاش		نشود هیچ از این دلم یرگس
گیردی آب جوی رز پندام		چون بود بسته بنک راه ز خس

* * *

گرد گل سرخ اندر خطی بکشیدی		تا خلق جهان را بفگندی به خلالوش
کافور تو بالوس بود، مشک تو باناک		بالوس تو کافور کنی دایم مغشوش

* * *

کاروان شهید رفت از پیش		وآن ما رفته گیر و می‌اندیش

از شمار دو چشم یک تن کم / وز شمار خرد هزاران بیش
توشهٔ جان خویش ازو بربای / پیش کاید ت مرگ پای آگیش
آنچه با رنج یافتیش و به ذل / تو به آسانی از گزافه مدیش
خویش بیگانه گردد از پی سود / خواهی آن روز؟ مزد کمتر دیش
گرگ را کی رسد صلابت شیر؟ / باز را کی رسد نهیب شخیش؟

* * *

رهی سوار و جوان و توانگر از ره دور
به خدمت آمد، نیکوسگال و نیک‌اندیش
پسند باشد مر خواجه را پس از ده سال
که باز گردد پیر و پیاده و درویش؟

* * *

ای لک، ار ناز خواهی و نعمت / گرد درگاه او کنی لک و پک
یخچه بارید و پای من بفسرد / ورغ بربند یخچه را ز فلک

* * *

بسا که مست در این خانه بودم و شادان / چنان که جاه من افزون بُد از امیر و ملوک
کنون همانم و خانه همان و شهر همان / مرا نگویی کز چه شده است شادی سوک؟

* * *

زان می که گر سرشکی ازان درچکد به نیل
صدسال مست باشد از بوی او نهنگ
آهو به دشت اگر بخورد قطره‌ای ازو
غرنده شیر گردد و نندیشد از پلنگ

٭ ٭ ٭

می لعل پیش آر و پیش من آی / به یک دست جام و به یک دست چنگ
از آن می مرا ده که از عکس او / چو یاقوت گردد به فرسنگ سنگ

٭ ٭ ٭

کسان که تلخی زهر طلب نمی‌دانند / ترش شوند و بتابند رو ز اهل سؤال
تو را که می‌شنوی طاقت شنیدن نیست / مرا که می‌طلبم خود چگونه باشد حال؟
شکفت لاله تو ز یغال بشکفان که همی / به دور لاله به کف برنهاده به، زیغال

٭ ٭ ٭

دریغم آید خواندن گزاف‌وار دو نام / بزرگوار دو نام از گزاف خواندن عام
یکی که خوبان را یکسره نکو خوانند / دگر که عاشق گویند عاشقان را نام
دریغم آید چون مر تو را نکو خوانند / دریغم آید چون بر رهیت عاشق نام
مرادلی‌ست که از غمگنی چو دور شود / به غمگنان شود و غم فراز گیرد وام

***

دریغ آن که گرد کرد با رنج   کزو نیست بهر من جز سوتام
هلا! رودکی از کس اندر متاب   بکن هرچه کردنی‌ست بامدام
که فرغول برندارد آن روز   که بر تخته تو را سیاه شود فام

***

اگر امیر جهاندار داد من ندهد   چهار ساله نوید مرا که هست خرام
همه نیوشهٔ خواجه به نیکویی و به صلح   همه نیوشهٔ نادان به جنگ و کار نغام

***

چون گسی کردمت به دستک خویش   گنه خویش بر تو افگندم
خانه از روی تو تهی کردم   دیده از خون دل بیاگندم
عجب آید مرا ز کردهٔ خویش   کز در گریه‌ام، همی‌خندم

***

چو در پاش گردد به معنی زبانم   رسد مرحبا از زمین و زمانم
به صوت و نوا و به صیت معانی   طرب‌بخش روحم، فرح‌زای جانم
خرد در بها نقد هستی فرستد   گهرهای رنگین چو زاید ز کانم

* * *

بیا، دل و جان را به خداوند سپاریم		اندوه درم و غم دینار نداریم
جان را ز پی دین و دیانت بفروشیم		وین عمر فنا را به ره غزو گزاریم

* * *

بل تا خوریم باده که مستانیم		وز دست نیکوان می بستانیم
دیوانگان بی‌هُشمان خوانند		دیوانگان نه‌ایم که مستانیم

* * *

جمله صید این جهانیم، ای پسر		ما چو صعوه، مرگ بر سان زغن
هر گلی پژمرده گردد زو، نه دیر		مرگ بفشارد همه در زیر غن

* * *

هست بر خواجه پیچیده رفتن		راست چون بر درخت پیچد سن
این عجب‌تر که می نداند او		شعر از شعر و خنب را از خن

* * *

مادر می را بکرد باید قربان
بچهٔ او را گرفت و کرد به زندان

بچهٔ او را ازو گرفت ندانی
تاش نکوبی نخست و زو نکشی جان

جز که نباشد حلال دور بکردن
بچهٔ کوچک ز شیر مادر و پستان

تا نخورد شیر هفت مه به تمامی
از سر اردیبهشت تا بن آبان

آنگه شاید ز روی دین و ره داد
بچه به زندان تنگ و مادر قربان

چون بسپاری به حبس بچهٔ او را
هفت شباروز خیره ماند و حیران

باز چو آید به هوش و حال ببیند
جوش برآرد، بنالد از دل سوزان

گاه زبر زیر گردد از غم و گه باز
زیر زبر، همچنان ز انده جوشان

زر بر آتش کجا بخواهی پالود
جوشد، لیکن ز غم نجوشد چندان

باز به کردار اشتری که بود مست
کفک برآرد ز خشم و راند سلطان

مرد حرس کفک‌هاش پاک بگیرد
تا بشود تیرگیش و گردد رخشان

آخر کـــارام گیــرد و نچخـد تیز
درش کـند اسـتـوار مـرد نگهبـان

چـون بنشیند تمـام و صـافی گردد
گونهٔ یاقوت سـرخ گیرد و مرجان

چند ازو سـرخ چـون عقیق یمانی
چند ازو لعل چـون نگین بدخشان

ورش ببویی، گمان بری که گل سرخ
بـوی بدو داد و مشک و عنبر با بان

هم به خُم اندر همی‌گدازد چونین
تا بـه گـه نوبـهار و نیمهٔ نیسان

شب درش بگشایی آن‌گـه اگر نیم
چشمهٔ خورشـید را ببینی تابان

ور به بلــور انـدرون ببینی گویی
گوهر سرخ است به کفّ موسی عمران

زفـت شـود رادمــرد و سـست دلاور
گر بچشد زوی و روی زرد گلستان

وآن که به شادی یکی قدح بخورد زوی
رنـج نبیند از آن فـراز و نـه احـزان

انـده ده سـاله را بـه طنجه رماند
شـادی نـو را ز ری بیـارد و عمان

با می چونین که سالخورده بود چند
جامه بکرده فراز پنجه خلقان

مجلس باید بساخته، ملکانه
از گل و از یاسمین و خیری الوان

نعمت فردوس گستریده ز هر سو
ساخته کاری که کس نسازد چونان

جامهٔ زرین و فرش‌های نوآیین
شهره ریاحین و تخت‌های فراوان

بربط عیسی و لون‌های فؤادی
چنگ مدک نیر و نای چابک جانان

یک صف میران و بلعمی بنشسته
یک صف حران و پیر صالح دهقان

خسرو بر تخت پیشگاه نشسته
شاه ملوک جهان، امیر خراسان

ترک هزاران به پای پیش صف اندر
هر یک چون ماه بر دو هفته درفشان

هر یک بر سر بساک مورد نهاده
روش می سرخ و زلف و جعدش ریحان

باده‌دهنده بتی بدیع ز خوبان
بچهٔ خاتون ترک و بچهٔ خاقان

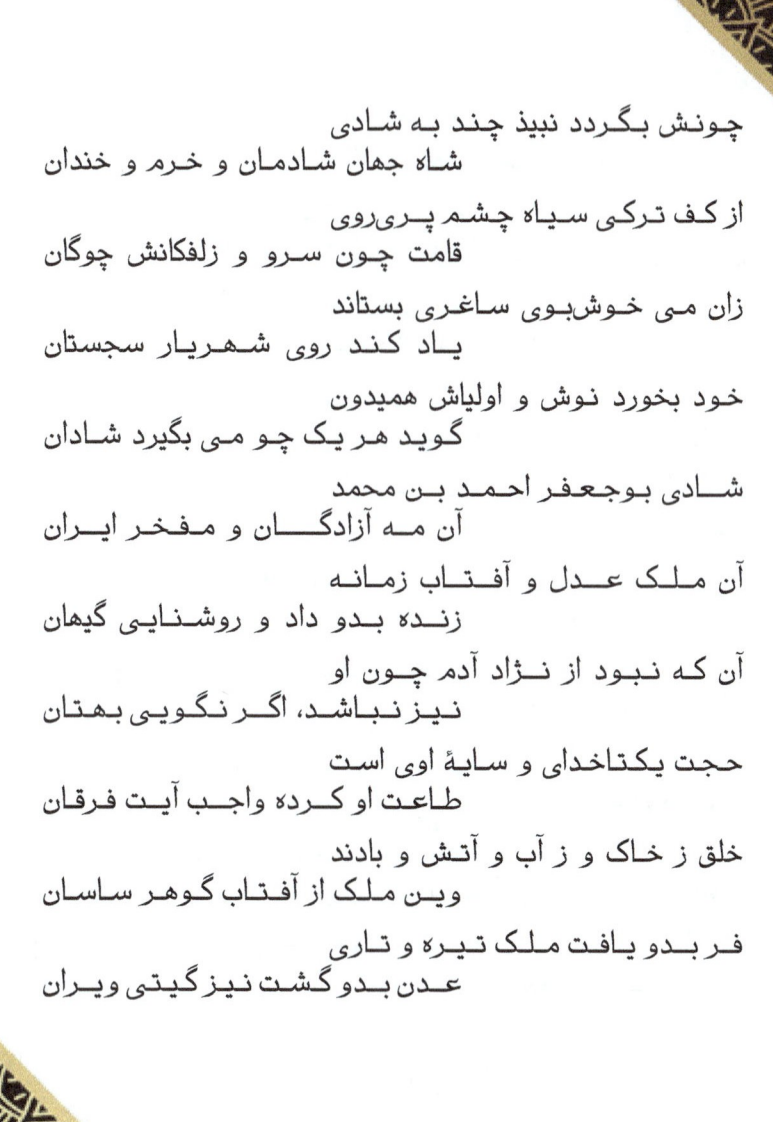

چونش بگردد نبیذ چند به شادی
شاه جهان شادمان و خرم و خندان

از کف ترکی سیاه چشم پری‌روی
قامت چون سرو و زلفکانش چوگان

زان می خوش‌بوی ساغری بستاند
یاد کند روی شهریار سجستان

خود بخورد نوش و اولیاش همیدون
گوید هر یک چو می بگیرد شادان

شادی بوجعفر احمد بن محمد
آن مه آزادگان و مفخر ایران

آن ملک عدل و آفتاب زمانه
زنده بدو داد و روشنایی گیهان

آن که نبود از نژاد آدم چون او
نیز نباشد، اگر نگویی بهتان

حجت یکتاخدای و سایهٔ اوی است
طاعت او کرده واجب آیت فرقان

خلق ز خاک و ز آب و آتش و بادند
وین ملک از آفتاب گوهر ساسان

فر بدو یافت ملک تیره و تاری
عدن بدو گشت نیز گیتی ویران

گر تو فصیحی همه مناقب او گوی
ور تو دبیری همه مدایح او خوان

ور تو حکیمی و راه حکمت جویی
سیرت او گیر و خوب مذهب او دان

آن که بدو بنگری به حکمت گویی
اینک سقراط و هم فلاطن یونان

گر بگشاید زبان به علم و به حکمت
گوش کن اینک به علم و حکمت لقمان

مرد ادب را خرد فزاید و حکمت
مرد خرد را ادب فزاید و ایمان

ور تو بخواهی فرشته‌ای که ببینی
اینک اوی است آشکارا رضوان

خوب نگه کن بدان لطافت و آن روی
تا تو ببینی بر این که گفتم برهان

پاکی اخلاق او و پاک نژادی
با نیت نیک و با مکارم احسان

ور سخن او رسد به گوش تو یک راه
سعد شود مر تو را نحوست کیوان

ورش به صدر اندرون نشسته ببینی
جزم بگویی که زنده گشت سلیمان

سام سواری که تا ستاره بتابد
اسب نبیند چون او سوار به میدان

باز به روز نبرد و کین و حمیّت
گرش ببینی میان مغفر و خفتان

خوار نمایدت ژنده‌پیل بدان‌گاه
ورچه بود مست و تیز گشته و غرّان

ورش بدیدی سفندیار گه رزم
پیش سنانش جهان دویدی و لرزان

گرچه به هنگام حلم کوه تن اوی
کوه سیام است که کس نبیند جنبان

دشمن اگر اژدهاست، پیش سنانش
گردد چون موم پیش آتش سوزان

ور به نبرد آیدش ستارهٔ بهرام
توشهٔ شمشیر او شود به گروگان

باز بدان‌گه که می به دست بگیرد
ابر بهاری چون او نبارد باران

ابر بهاری جز آب تیره نبارد
او همه دیبا به تخت و زر به انبان

با دو کف او، ز بس عطا که ببخشد
خوار نماید حدیث و قصهٔ توفان

لاجرم از جود و از سخاوت اوی است
نرخ گرفته حدیث و صامت ارزان

شاعر زی او رود فقیر و تهی‌دست
با زر بسیار بازگردد و حملان

مرد سخن را ازو نواختن و بر
مرد ادب را ازو وظیفهٔ دیوان

باز به هنگام داد و عدل بر خلق
نیست به گیتی چون او نبیل و مسلمان

داد بیابد ضعیف همچو قوی زوی
جور نبینی به نزد او و نه عدوان

نعمت او گستریده بر همه گیتی
آنچه کس از نعمتش نبینی عریان

بستهٔ گیتی ازو بیابد راحت
خستهٔ گیتی ازو بیابد درمان

با رسن عفو آن مبارک خسرو
حلقهٔ تنگ است هرچه دشت و بیابان

پوزش بپذیرد و گناه ببخشد
خشم نراند، به عفو کوشد و غفران

آن ملک نیمروز و خسرو پیروز
دولت او یوز و دشمن آهوی نالان

عمرو بن اللیث زنده گشت بدو باز
با حشم خویش و آن زمانهٔ ایشان

رستم را نام اگرچه سخت بزرگ است
زنده بدوی است نام رستم دستان

رودکیا، برنورد مدح همه خلق
مدحت او گوی و مهر دولت بستان

ورچه بکوشی، به جهد خویش بگویی
ورچه کنی تیز فهم خویش به سوهان

گفت ندانی سزاش و خیز و فراز آر
آن که بگفتی چنان که گفتن نتوان

اینک مدحی، چنان‌که طاقت من بود
لفظ همه خوب و هم به معنی آسان

جز به سزاوار میر گفت ندانم
ور چه جریرم به شعر و طایی و حسّان

مدح امیری که مدح، زوست جهان را
زینت هم زوی و فر و نُزهت و سامان

سخت شکوهم که عجز من بنماید
ورچه صریعم ابا فصاحت سحبان

برد چنین مدح و عرضه کرد زمانی
ورچه بود چیره بر مدایح شاهان

مدح همه خلق را کرانه پدید است
مدحت او را کرانه نی و نه پایان

نیست شگفتی که رودکی به چنین جای
خیره شود بی‌روان و ماند حیران

ورنه مرا بوعمر دلاور کردی
وآن‌گه دستوری گزیدهٔ عدنان

زَهره کجا بودمی به مدح امیری؟
کز پی او آفرید گیتی یزدان

ورم ضعیفی و بی‌بدیم نبودی
وآن که نبود از امیر مشرق فرمان

خود بدویدی به‌سان پیک مرتب
خدمت او را گرفته چامه به دندان

مدح رسول است، عذر من برساند
تا بشناسد درست میر سخندان

عذر رهی خویش ناتوانی و پیری
کو به تن خویش از این نیامد مهمان

دولت میرم همیشه باد بر افزون
دولت اعدای او همیشه به نقصان

سرش رسیده به ماه بر، به بلندی
و آن معادی به زیر ماهی پنهان

طلعت تابنده‌تر ز طلعت خورشید
نعمت پاینده‌تر ز جودی و ثهلان

✳ ✳ ✳

هـان! صـائم نـوالـهٔ ایـن سفله میزبان
زین بی نمک ابا منه انگشت در دهان
لب تر مکن به آب که طلق است در قدح
دست از کباب دار که زهر است توامان
با کـام خشک و بـا جگر تفته درگـذر
ایـدون که در سراسر این سبز گلستان
کافور همچو گل چکد از دوش شاخسار
زیـبـق چـو آب بـرجـهـد از نـاف آبـدان

✳ ✳ ✳

شاهی کـه بـه روز رزم از رادی   زرّیــن نهد او بـه تیر در پیکان
تـا کشتهٔ او از ان کـفن سازد   تـا خستهٔ او از ان کند درمـان

✳ ✳ ✳

یاد کن زیرت انــدرون تن شوی   تو برو خوار خوابنیده، ستان
جعد مویانت جعد کنده همی   بـبـریـده بـرون تـو پـستـان
پیر فرتوت گشته بـودم سخت   دولــت او مــرا بــکـرد جـوان

✳ ✳ ✳

یخچه می‌بارید از ابر سیاه　　چون ستاره بر زمین از آسمان
چون بگردد پای او از پای دار　　آشکوخیده بماند همچنان

***

ای مج، کنون تو شعر من از برکن و بخوان
از من دل و سگالش، از تو تن و روان
کوری کنیم و باده خوریم و بویم شاد
بوسه دهیم بر دو لبان پریوشان

***

خلّخیان خواهی و جمّاش چشم　　گِرد سرین خواهی و بارک میان
کشکین نانت نکند آرزوی　　نان سمن خواهی، گرد و کلان

***

چه چیز است آن رونده تیرک خرد؟　　چه چیز است آن پلالک تیغ بران؟
یکی اندر دهان حق زبانست　　یکی اندر دهان مرگ دندان

***

خواهی تا مرگ نیابد تو را　　خواهی کز مرگ بیابی امان
زیر زمین خیز و نهفتی بجوی　　پس به فلک برشو بی‌نردبان

***

ضیغمی نسل پذیرفته ز دیو آهویی نام نهاده یکران
آفتابی که ز چابک قدمی بر سر ذره نماید جولان

***

لنگ رونده است، گوش نی و سخن یاب گنگ فصیح است، چشم نی و جهان بین
تیزی شمشیر دارد و روش مار کالبد عاشقان و گونهٔ غمگین

***

ترنج بیدار اندر شده به خواب گران
گل غنوده برانگیخته سر از بالین

هر آن که خاتم مدح تو کرد در انگشت
سر از دریچهٔ زرین برون کند چو نگین

***

با عاشقان نشین و همه عاشقی گزین با هر که نیست عاشق، کم گوی و کم نشین
باشد که در وصال تو بینند روی دوست تو نیز در میانهٔ ایشان نه ای، ببین

***

زه! دانا را گویند که داند گفت هیچ نادان را داننده نگوید: زه

سخن شیرین از زفت نیارد بر   بز به بج بج بر، هرگز نشود فربه

***

سماع و بادهٔ گلگون و لعبتان چو ماه
اگر فرشته ببیند دراوفتد در چاه

نظر چگونه بدوزم؟ که بهر دیدن دوست
ز خاک من همه نرگس دمد به جای گیاه

کسی که آگهی از ذوق عشق جانان یافت
ز خویش حیف بود، گر دمی بود آگاه

به چشمت اندر بالار ننگری تو به روز
به شب به چشم کسان اندرون ببینی کاه

***

من موی خویش را نه از آن می‌کنم سیاه
تا باز نوجوان شوم و نو کنم گناه

چون جامه‌ها به وقت مصیبت سیه کنند
من موی از مصیبت پیری کنم سیاه

***

پشت کوژ و سر تویل و روی بر کردار نیل
ساق چون سوهان و دندان بر مثال استره

بر کنار جوی بینم رستهٔ بادام و سرو
راست پندارم قطار اشتران آبره

***

رفیقا، چند گویی کو نشاطت؟   بنگریزد کس از گرم آفروشه

مرا امروز توبه سود دارد   چنان چون دردمندان را شنوشه

***

زمانی برق پر خنده، زمانی رعد پر ناله
چنان‌چون مادر از سوک عروس سیزده ساله
و گشته زین پرند سبز شاخ بید بنساله
چنان‌چون اشک مهجوران نشسته ژاله بر لاله

***

مشوّش است دلم از کرشمهٔ سلمی
چنان‌که خاطر مجنون ز طرّهٔ لیلی
چو گل‌شکر دهی‌ام درد دل شود تسکین
چو ترش‌روی شوی وارهانی از صفری
به غنچهٔ تو شکرخنده نشانهٔ باده
به سنبل تو در گوش مهرهٔ افعی
ببرده نرگس تو آب جادوی بابل
گشاده غنچهٔ تو باب معجز موسی

***

سپید برف برآمد به کوهسار سیاه
و چون درونه شد آن سرو بوستان‌آرای
و آن کجا بگوارید ناگوار شده است
و آن کجا نگزایست گشت زودگزای

***

آن چیست بر آن طبق همی‌تابد؟ چون ملحم زیر شَعر عنّابی
ساقش به مثل چو ساعد حورا پایش به مثل چو پای مرغابی

***

ای دل، سزایش بری باز بر چنگل عقابی
بی‌تو مرا زنده نبیند من ذره‌ام، تو آفتابی

***

بیار آن می که پنداری روان یاقوت نابستی
و یا چون برکشیده تیغ پیش آفتابستی
بیا کی گویی اندر جام مانند گلابستی
به خوشی گویی اندر دیدهٔ بی‌خواب خوابستی
سحابستی قدح گویی و می قطرهٔ سحابستی
طرب، گویی که اندر دل دعای مستجابستی

اگر می نیستی، یکسر همه دل‌ها خرابستی
اگر در کالبد جان را ندیدستی، شرابستی
اگر این می به ابر اندر، به چنگال عقابستی
ازان تا ناکسان هرگز نخوردندی صوابستی

***

جعد همچون نورد آب به باد   گویا آنچنان شکستستی
میانکش نازکک چو شانهٔ مو   گویی از یک دگر گسستستی

***

این جهان را نگر به چشم خرد   نی بدان چشم کاندر او نگری
همچو دریاست وز نکوکاری   کشتی‌ای ساز، تا بدان گذری

***

مار را، هرچند بهتر پروری   چون یکی خشم آورد کیفر بری
سفله طبع مار دارد، بی‌خلاف   جهد کن تا روی سفله ننگری

***

ای آن که غمگنی و سزاواری   وندر نهان سرشک همی‌باری
از بهر آن کجا ببرم نامش   ترسم ز بخت انده و دشواری
رفت آن که رفت و آمد آنک آمد   بود آن که بود، خیره چه غم داری؟

هـمـوار کـرد خـواهـی گیتی را؟ / گیتی‌ست، کی پذیرد همواری
مُستی مکن که ننگرد او مُستی / زاری مکن که نشنود او زاری
شـو، تـا قیامت آیـد، زاری کن / کی رفته را به زاری بـازآری؟
آزار بیش زیـن گـردون بینی / گـر تـو بـه هـر بـهـانه بیازاری
گویی گماشته‌ست بـلایی او / بر هر که تو دل بر او بگماری
ابـری پدید نی و کـسوفی نی / بگرفت ماه و گشت جهان تاری
فرمان کنی و یا نکنی، ترسم / بر خویشتن ظفر ندهی باری!
تـا بشکنی سپاه غمان بر دل / آن به که مـی بیاری و بگساری
انـدر بـلای سـخـت پـدیـد آیـد / فضل و بـزرگ‌مـردی و سـالاری

* * *

گل بـهـاری، بـت تـتـاری / نبیـذ داری، چــرا نیـاری؟
نـبیـذ روشـن، چـو ابـر بهمن / بـه نـزد گلشن چرا نبـاری؟

* * *

ای غافل از شمار! چه پنداری؟ / کت خالق آفرید به هر کاری
عمری که مر تو راست سرمایه / وید است و کارهات به این زاری!

* * *

تا خوی ابر گل رخ تو کرده شبنمی
شبنم شده است سوخته چون اشک ماتمی

کاندر جهان به کس مگرو جز به فاطمی
کی مار ترسگین شود و گربه مهربان؟

گر موش ماژ و موژ کند گاه در همی
صدر جهان! جهان همه تاریک شب شده است

از بهر ما سپیدهٔ صادق همی دمی

* * *

بوی جوی مولیان آید همی — یاد یار مهربان آید همی
ریگ آموی و درشتی راه او — زیر پایم پرنیان آید همی
آب جیحون از نشاط روی دوست — خِنگ ما را تا میان آید همی
ای بخارا! شاد باش و دیر زی — میر زی تو شادمان آید همی
میر ماه است و بخارا آسمان — ماه سوی آسمان آید همی
میر سرو است و بخارا بوستان — سرو سوی بوستان آید همی
آفرین و مدح سود آید همی — گر به گنج اندر زیان آید همی

* * *

مرا ز منصب تحقیق انبیاست نصیب
چه آب جویم از جوی خشک یونانی؟

برای پرورش جسم جان چه رنجه کنم؟
که حیف باشد روح‌القدس به سگبانی

به حُسن صوت چو بلبل مقیّد نظمم
به جُرم حسنِ چو یوسف اسیر زندانی

بسی نشستم من با اکابر و اعیان
بیازمودمشان آشکار و پنهانی

نخواستم ز تمنّی مگر که دستوری
نیافتم ز عطاها مگر پشیمانی

* * *

کسی را چو من دوستگان می چه باید؟
که دل شاد دارد بهر دوستگانی

نه جز عیب چیزی‌ست کان تو نداری
نه جز غیب چیزی‌ست کان تو ندانی

* * *

آن که نماند به هیچ خلق خدای است
تو نه خدایی، به هیچ خلق نمانی

روز شدن را نشان دهند به خورشید
باز مر او را به تو دهند نشانی

هرچه بر الفاظ خلق مدحت رفته است
یا برود، تا به روز حشر تو آنی

* * *

آی دریغا! که خردمند را باشد فرزند و خردمند نی
ور چه ادب دارد و دانش پدر حاصل میراث به فرزند نی

* * *

بی‌قیمت است شکر از آن دو لبان اوی کاسد شد از دو زلفش بازار شاه‌بوی
این ایغده سری به چه کار آید ای فتی در باب دانش این سخن بیهده مگوی
تا صبر را نباشد شیرینی شکر تا بید را نباشد بویی چو دار بوی

* * *

ای بر همه میران جهان یافته شاهی
می‌خور که بداندیش چنان شد که تو خواهی
می خواه که بدخواه به کام دل تو گشت
وز بخت، بداندیش تو آورد تباهی

شد روزه و تسبیح و تراویح به یک جای
عید آمد و آمد می و معشوق و ملاهی

چون ماه همی‌جُست شب عید همه خلق
من روی تو جُستم که مرا شاهی و ماهی

مـه گـاه بـر افـزون بـود و گـاه بـه کاهش
دایـم تـو بـرافـزون بُـوی و هیچ نکاهی

میری به تو محکم شد و شاهی به تو خرّم
بـر خیره ندادنـد تـو را میری و شاهی

خورشید روان باشی، چون از بر رخشی
دریـای روان بـاشـی، چـون از بـر گاهی

آن‌ها که همه میل سوی ملک تو کردند
ایـنـک بـنـهـادنـد سـر از تـافـتـه راهـی

دام طـمـع از مـاهـی در آب فگندند
نه مرد به جای آمد و نه دام و نه ماهی

مهتر نـشـود، گـرچـه قـوی گـردد کهتر
گـاهـی نـشـود، گـرچـه هنر دارد، چاهی

***

دل تنگ مدار، ای ملک، از کار خدایی
آرام و طرب را مده از طبع جدایی

صد بار فتاده است چنین هر ملکی را
آخر برسیدند به هر کام روایی

آن کس که تو را دید و تو را بیند در جنگ
داند که تو با شیر به شمشیر درآیی

این کار سمایی بُد، نه قوّت انسان
کس را نبود قوت به کار سمایی

آنان که گرفتار شدند از سپه تو
از بند به شمشیر تو یابند رهایی

✳ ✳ ✳

چمن عقل را خزانی اگر   گلشن عشق را بهار تویی
عشق را گر پیمبری، لیکن   حسن را آفریدگار تویی

باب دوم
رباعیات

در رهگذر باد چراغی که تو راست　　ترسم که بمیرد از فراغی که تو راست
بوی جگر سوخته عالم بگرفت　　گر نشنیدی، زهی دماغی که تو راست!

* * *

با آن که دلم از غم هجرت خون است
شادی به غم توام ز غم افزون است
اندیشه کنم هر شب و گویم یا رب!
هجرانش چنین است، وصالش چون است؟

* * *

جایی که گذرگاه دل محزون است　　آنجا دو هزار نیزه بالا خون است
لیلی‌صفتان ز حال ما بی‌خبرند　　مجنون داند که حال مجنون چون است

* * *

دل خسته و بستهٔ مسلسل مویی‌ست　　خون گشته و کشتهٔ بت هندویی‌ست
سودی ندهد نصیحتت، ای واعظ　　ای خانه خراب طرفه یک پهلویی‌ست

* * *

تقدیر که بر کشتنت آزرم نداشت
بر حسن و جوانی‌ات دل نرم نداشت

اندر عجبم ز جان‌ستان کز چو تویی
جان بستد و از جمال تو شرم نداشت

❊ ❊ ❊

چشمم ز غمت، به هر عقیقی که بسفت
بر چهره هزار گل ز رازم بشکفت
رازی که دلم ز جان همی‌داشت نهفت
اشکم به زبان حال با خلق بگفت

❊ ❊ ❊

بنلاد تو شد تربیت خواجه و لیک بنلاد تو سست، همچو بنیاد تو باد

❊ ❊ ❊

بی‌روی تو خورشید جهان‌سوز مباد هم بی‌تو چراغ عالم افروز مباد
با وصل تو کس چو من بدآموز مباد روزی که تو را نبینم آن روز مباد

❊ ❊ ❊

زلفش بکشی شب دراز اندازد ور بگشایی چنگل باز اندازد
ور پیچ و خمش ز یک دگر بگشایند دامن‌دامن مشک طراز اندازد

❊ ❊ ❊

چون روز، عَلَم زند به نامت ماند — چون یک شبه شد ماه، به جامت ماند
تقدیر به عزم تیزگامت ماند — روزی، به عطا دادن عامت ماند

* * *

جز حادثه هرگز طلبم کس نکند — یک پرسش گرم، جز تبم کس نکند
ورجان به لب آیدم، به جز مردم چشم — یک قطرهٔ آب بر لبم کس نکند

* * *

بفنود تنم بر درم و آب و زمین — دل بر خرد و علم به دانش بفنود

* * *

نامت شنوم، دل ز فرح زنده شود — حال من از اقبال تو فرخنده شود
وز غیر تو هرجا سخن آید به میان — خاطر به هزار غم پراگنده شود

* * *

آمد بر من، که؟ یار، کی؟ وقت سحر — ترسنده، زکه؟ زخصم، خصمش که؟ پدر
دادمش دو بوسه، بر کجا؟ بر لب تر — لعقبیبُق، چد؟ زن بُه، دچچهوبُشکر؟

* * *

هان! تشنه‌جگر، مجوی زین باغ ثمر بیدستانی‌ست این ریاض به دو در
بیهوده ممان که باغبانت به قفاست چون خاک نشسته‌گیر و چون باد گذر

***

چون کشته ببینی‌ام، دو لب گشته فراز از جان تهی این قالب فرسوده به آز
بر بالینم نشین و می‌گوی به ناز کای من تو بکشته و پشیمان شده باز

***

در جستن آن نگار پر کینه و جنگ
گشتیم سراپای جهان با دل تنگ
شد دست ز کار و رفت پا از رفتار
آن، بس که به سر زدیم و این، بس که به سنگ

***

بر عشق توام، نه صبر پیداست، نه دل
بی‌روی توام، نه عقل بر جاست، نه دل
این غم که مراست، کوه قاف است، نه غم
آن دل که تو راست، سنگ خاراست، نه دل

***

واجب نبود به کس بر، افضال و کرم واجب باشد هرآینه شکر نعم

تقصیر نکرد خواجه در ناواجب 	 من در واجب چگونه تقصیر کنم؟

* * *

یوسف‌رویی، کزو فغان کرد دلم 	 چون دست زنان مصریان کرد دلم
ز آغاز به بوسه مهربان کرد دلم 	 امروز نشانهٔ غمان کرد دلم

* * *

در پیش خود آن نامه چو بلکامه نهم 	 پروین ز سرشک دیده بر جامه نهم
بر پاسخ تو چو دست بر خامه نهم 	 خواهم که دل اندر شکن نامه نهم

* * *

در منزل غم فگنده مفرش ماییم 	 وز آب دو چشم دل پر آتش ماییم
عالم چو ستم کند ستمکش ماییم 	 دست خوش روزگار ناخوش ماییم

* * *

در عشق، چو رودکی، شدم سیر از جان 	 از گریهٔ خونین مژه‌ام شد مرجان
القصه که از بیم عذاب هجران 	 در آتش رشکم دگر از دوزخیان

* * *

دیدار به دل فروخت، نفروخت گران   بوسه به روان فروشد و هست ارزان
آری که چو آن ماه بود بازرگان   دیدار به دل فروشد و بوسه به جان

* * *

رویت دریای حسن و لعلت مرجان   زلفت عنبر، صدف دهن، دُر دندان
ابرو کشتی و چین پیشانی موج   گرداب بلا غبغب و چشمت توفان

* * *

ای از گل سرخ رنگ بربوده و بو   رنگ از پی رخ ربوده، بو از پی مو
گل‌رنگ‌شود، چو روی‌شویی، همه‌جو   مشکین‌گردد، چو مو فشانی، همه‌کو

* * *

ای نالهٔ پیر خانقاه از غم تو   وی گریهٔ طفل بی‌گناه از غم تو
افغان خروس صبحگاه از غم تو   آه از غم تو! هزار آه از غم تو

* * *

چرخ کجه باز، تا نهان ساخت کجه   با نیک و بد دایره درباخت کجه
هنگامهٔ شب گذشت و شد قصه تمام   طالع به کفم یکی نینداخت کجه

* * *

رخسارهٔ او پرده عشّاق درید
با آنکه نهفته دارد اندر پرده

* * *

زلفت دیدم، سر از چمان پیچیده
وندر گل سرخ ارغوان پیچیده
در هر بندی هزار دل در بندش
در هر پیچی هزار جان پیچیده

* * *

ای بر تو رسیده بهر هریک چاره
از حال من ضعیف جویی چاره

* * *

چون کار دلم ز زلف او ماند گره
بر هر رگ جان صد آرزو ماند گره
امّید زگریه بود، افسوس! افسوس!
کان هم شب وصل در گلو ماند گره

* * *

ای طرفهٔ خوبان من، ای شهرهٔ ری
لب را به سپیدرگ بکن پاک از می

* * *

از کعبه کلیسیا نشینم کردی
آخر در کفر بی‌قرینم کردی
بعد از دو هزار سجده بر درگه دوست
ای عشق، چه بیگانه ز دینم کردی!

* * *

گر بر سر نفس خود امیری، مردی
بر کور و کر ار نکته نگیری، مردی
مـردی نـبود فـتاده را پـای زدن
گر دسـت فـتادهای بگیری، مردی

***

آن خر پدرت به دشت خاشاک زدی
مامات دف و دورویـه چالاک زدی
آن بـر سـر گـورها تبارک خواندی
ها تـبوراک زدیوین بـر در خانه

***

دل سیـر نـگـرددت ز بـیدادگـری
چشم آب نگرددت، چو در من نگری
این طرفه که دوستتر ز جانت دارم
با آن که ز صدهزار دشمن بتری

***

با داده قناعت کن و با داد بزی
در بـنـد تکلف مـشـو، آزاد بـزی
در به ز خودی نظر مکن، غصه مخور
در کم ز خودی نظر کن و شاد بزی

***

نـارفته بـه شـاهـراه وصـلت گامی
نـایافتـه از حـسـن جـمـالت کامی
نـاگـاه شـنـیـدم ز فـلـک پیغامی
کـز خُـمّ فـراق نـوش بـادت جامی!

باب سوم
ابیات پراکنده که به هم پیوسته نیست

گرچه بشتر را عطا باران بود / مر تو را زر و گهر باشد عطا

***

پیش تیغ تو روز صف دشمن / هست چون پیش داس نوکر پا

***

تنت یک و جان یکی و چندین دانش / ای عجبی! مردمی تو، یا دریا؟

***

چنان‌که اشتر ابله سوی کنام شده / ز مکر روبه و زاغ و ز گرگ بی‌خبرا

***

جز به مادندر نماند این جهان گر به روی / با پسندر کینه دارد همچو با دختندرا

***

گوش تو سال و مه به رود و سرود / نشنوی نیوهٔ خروشان را

***

درنگ‌آسا سپهر آرا بیاید / کی‌ آخن دررباید گرد نان را

***

شیر آلغده که بیرون جهد از خانه به صید / تا به چنگ آرد آهو و آهوبره را

* * *

نباشد زین زمانه بس شگفتی / اگر بر ما ببارد آذرخشا

* * *

چو گرد آرند کردارت به محشر / فرومانی چو خر به میان شلکا

* * *

کمندش بیشه بر شیران قفس کرد / فیلکش دشت بر گرگان خباکا

* * *

هر آنچه مدح تو گویم درست باشد و راست / مرا به کار نیاید سریشم و کیلا

* * *

گیهان ما به خواجهٔ عدنانی / عدن است و کار ما همه بانداما

* * *

اگرت بدره رساند همی به بدر منیر
مبادرت کن و خامش باش چندینا

* * *

همی بایدت رفت و راه دور است
به سغده دار یکسر شغل راها

* * *

ندیده تُنبُل اوی و بدیده مَندَل اوی
دگر نماید و دیگر بود بهسان سراب

* * *

فاخته‌گون شد هوا ز گردش خورشید
جامهٔ خانه به تَبک فاخته‌گون آب

* * *

تا کی کنی عذاب و کنی ریش را خضاب؟
تا کی فضول گویی و آری حدیث غاب؟

* * *

جغد که با باز و پلنگان پرد
بشکندش پرّ و بال و گردد لتلت

* * *

تا لباس عمر اعدایش نگردد بافته   تار تار پود پود اندر فلات آن فوات

* * *

بر روی پزشک زن، میندیش		چون بود درست بیسیارت

***

آی از آن چون چراغ پیشانی		آی از آن زلفک شکست و مکست

***

خاک کف پای رودکی نسزی تو		هم بشوی گاو و هم بخایی برغست

***

به باز کریزی بمانم همی		اگر کبک بگریزد از من رواست

***

همه نیوشهٔ خواجه به نیکویی و به صلح است
همه نیوشهٔ نادان به جنگ و فتنه و غوغاست

***

هیچ راحت می‌نبینم در سرود و رود تو
جز که از فریاد و زخمه‌ات خلق را کاتوره خاست

***

شب قدر وصلت ز فرخندگی		فرح‌بخش‌تر از فرسنافه است

***

لاد را بر بنای محکم نه که نگهدار لاد بنیادست

***

خوبان همه سپاهند، اوشان خدایگان است
مر نیک‌بختی‌ام را بر روی او نشان است

***

بهار چین کن ازان روی بزمخانهٔ خویش
اگرچه خانهٔ تو نوبهار برهمن است

***

فاخته‌گون شد هوا ز گردش خورشید
جامهٔ جامه به نیک فاخته‌گون است

***

با دل پاک مرا جامهٔ ناپاک رواست
بد مر آن را که دل و دیده پلید است و پلشت

***

معذورم دارند که اندوه و غیشت
و اندوه و غیش من از آن جعد و غیشت

***

چه گر من همیشه ستاگوی باشم
ستایم نباشد نکو جز به نامت

* * *

بودنت در خاک باشد، یافتی
همچنان کز خاک بود انبودنت

* * *

ز مهرش مبادا تهی ایچ دل
ز فرمانش خالی مباد ایچ مرج

* * *

راهی آسان و راست بگزین، ای دوست
دور شو از راه بی‌کرانهٔ ترفنج

* * *

زین و زان چند بود بر که و مه؟
مر تو را کشی و فیزین و غنوج

* * *

از جود قبا داری پوشیده مشهر
وز مجد بنا داری بر برده مشید

* * *

بخت و دولـت چو پیشکار توانـد
نـصـرت و فتح پیشیار تو بـاد

***

بــه تـو بــازگــردد غــم عــاشــقــی
نـگــارا، مـکــن ایــن هـمـه زشتـیـاد

***

ایـا بـلایـه، اگـر کـارت تو پنهان بـود
کنون توانی، باری، خشوک پنهان کرد

***

گوسپندیم و جهان هست به کردار نغل
چون گه خواب بود سوی نغل باید شد

***

مرده نشود زنده، زنده به ستودان شد
آیین جهان چونین تا گردون گردان شد

***

رخ اعــدات از تــش نکبت   همچو قیر و شبه سیـاه آمد

***

ای جان همه عالم در جان تو پیوند	مکروه تو ما را منما یاد خداوند

***

یافتی چون که مال غرّه مشو	چون تو بس دید و بیند این دیرند

***

دل از دنیا بردار و به خانه بنشین پست	فرا بند در خانه به فلج و بپژاوند

***

هر دم که مرا گرفته خاموش	پیچیده به عافیت چو فرغند

***

چرخ چنین است و بدین ره رود	لیک ز هر نیک و ز هر بد نوند

***

شاخی برآمد از بر شاخ درخت تود	تاخی ز مشک و شاخ ز عنبر درخت عود

***

بدان مرغک مانم که همی دوش	به زار از بر شاخک همی فنود

***

هر آن کریم که فرزند او بلاده بود	شگفت باشد کو از گناه ساده بود

* * *

مـــاغ در آبـگـیـر گـشـتـه روان | راست چون کشتی است قیراندود

* * *

بـرو، ز تجربهٔ روزگـار بهره بگیر | که بهر دفع حوادث تو را به کار آید

* * *

مـاهـی دیـدی کجا کـبـودر گیرد؟ | تیغت ماهی‌ست، دشمنانت کبودر

* * *

بـا درفـش کـاویـان و طـاقدیس | زر مشت افـشـار و شاهانه کمر

* * *

اگـر مـن زونـجـت نـخـوردم گهی | تـو اکـنـون بـیـا و زونـجـم بخور

* * *

مــدخــلان را رکـــاب زرآگـیـن | پـــای آزادگـــــان نـــیـابـد سر

* * *

تا زنده‌ام مرا نیست جز مدح تو دگر کار
کشت و درود م این است، خرمن همین و شد کار

‌***

گزیده چهار توست، بدو در جهانهان   همارا به آخشیج، همارا به کارزار

‌***

چنان بار برآورد به خویشتن   که من گویم خورده است سوسمار

‌***

فاخته بر سرو شاهرود برآورد   زخمه فروهشت زندواف به طنبور

‌***

علم ابر و تندر بود کوس او   کمان آدنیده شود ژاله تیر

‌***

چون لطیف آید به گاه نوبهار   بانگ رود و بانگ کبک و بانگ تز

‌***

به حق آن خم زلف، بهسان منقار باز   به حق آن روی خوب، کز گرفتی براز

‌***

در عمل تا دیربازی و درازی ممکن است
چون عمل بادا تو را عمر دراز و دیرباز

‌***

تــازیــان دوان هــمــی‌آیــد ہمچو اندر فسیله اسب نهاز

***

چون سپرم نه میان بزم به نوروز در مه بهمن بتاز و جان عدو سوز

***

نهاد روی به حضرت، چنان که رو به پیر به تیم وا تگران آید از در تیماس

***

حسودانت را داده بهرام نحس تو را بهره کرده سعادت زواش

***

بت، اگرچه لطیف دارد نقش نزد رخسارهٔ تو هست خراش

***

از چه توبه نکند خواجه؟ که هر کجا که بود
قدحی می بخورد راست کند زود هراش

***

تو چگونه جهی؟ که دست اجل به سر تو همی‌زند سَرپاش

***

بـر هَبَـک نـهـاده جـام بـاده   وانـگـاه ز هـبـک نـوش کـردش

***

همی تا قطب با حور است زیر گنبد اخضر
شکرپاشش ز یک پله است و از دیگر فلاسنگش

***

بسا کسا! که جوین نان همی‌نیابد سیر
بسا کسا! که بره است و فرخشه بر خوانش

***

بانگ کـردمـت، ای فـغ سیمین   زوش خواندم تو را که هستی زوش

***

ای دریـغـا! کـه مـوردزار مـرا   ناگهان بـازخـورد بـرف وغیش

***

هر کو برود راست نشسته است به شادی
و آن کو نرود راست همه مرده همی‌دیش

***

چـون جامهٔ اشـن به تن اندر کند کسی
خواهد ز کردگار به حاجت مراد خویش

***

آه! ازین جور بدزمانهٔ شوم   همه شادی او غمان‌آمیغ

***

با دو سه بوسه رها کن این دل از درد خناک
تا به من احسانت باشد، احسن الله جزاک

***

کافور تو با کوس شد و مشک همه ناک
آلودگی‌ات در همه ایام نشد پاک

***

بس عزیزم، بس گرامی، شاد باش
اندرین خانه به‌سان نو بیوک

***

یک‌به‌یک از در درآمد آن نگار   آن غراشیده ز من، رفته به جنگ

***

خشک کلب سگ و بتفوز سگ   آن‌چنان‌که نجنبید او را هیچ رگ

***

چو هامون دشمنانت پست بادند   چو گردون دوستان والا همه سال

***

یار بادت توفیق، روزبهی با تو رفیق   دولتت باد ا حریف، دشمنت غیشه و نال

***

ای شاه نبی‌سیرت، ایمان تو محکم   ای میر علی‌حکمت، عالم به تو در غال

***

لبت سیب بهشت و من محتاج   یافتن را همی‌نیابم ویل

***

چرا همی‌نچمم؟ تا چرا کند تن من   که نیز تا نچمم کار من نگیرد چم

***

گر کند یاری ای مرا به غم عشق آن صنم   بتواند زدود زین دلم غم‌خواره زنگ غم

***

تا درگه او یابی مگذر به در کس   زیرا که حرام است تیمّم به لب یم

***

بام‌ها را فرسب خرد کنی   از گرانیت، گر شوی بر بام

***

بر رخ هزار زهرۀ ئامور برشکفت　　ایدون ز باغ قطرۀ شبنم نیافتم

* * *

آرزومند آن شده تو به گور　　که رسد نان پارەایت برم

* * *

هنوز با منی و از نهیب رفتن تو　　بەروزوقتشمارم، بەشبستارەشمارم

* * *

من بدان آمدم به خدمت تو　　که برآید رطب ز کانازم

* * *

داری مرا بدان که فراز آیم　　زیر دو زلفکانت به نخچیزم

* * *

چون برگ لاله بودەام و اکنون　　چون سیب پژمریده بر آونگم

* * *

سرو بودیم چندگاه بلند　　کوژ گشتیم و چون درونه شدیم

* * *

بت‌پرستی گرفته‌ایم همه   این جهان چون بت است و ما شمنیم

* * *

کنه را در چراغ کرد سبک   پس درو کرد اندکی روغن

* * *

یکی آلوده‌ای باشد که شهری را بیالاید   چو از گاوان یکی باشد که گاوان را کند ریخن

* * *

گر همه نعمت یک روز به ما بخشد   ننهد منت بر ما و پذیرد هن

* * *

گر کس بودی که زی توام بفگندی   خویشتن اندر نهادمی به فلاخن

* * *

میلاو منی، ای فغ و استاد توام من   پیش آی و سه بوسه ده و میلاویه بستان

* * *

بسی خسرو نامور پیش ازین   شدستند زی ساری و ساریان

* * *

از پی الـغـده و روزی بـه جهد   جانورسوی سپنج خویش جویان و روان

* * *

خواسته تاراج گشته، سر نهاده بر زیان
لشکرت همواره یافه، چون رمهٔ رفته شبان

* * *

خـود غـم دنـدان بـه کـه تـوانـم گفتن؟
زریـن گـشـتـم بـرون سیـمـین‌دنـدان

* * *

بـه نـوبـهـاران بـسـتـای ابـر گـریـان را
که از گریستن اوسـت این زمین خندان

* * *

بـه آتـش درون بـر مـثـال سمندر   بـه آب انـدرون بـر مـثـال نهنگان

* * *

هرگز نکند سوی من خسته نگاهی   آرنگ نخواهد که شود شاد دل من

* * *

تلخی و شیرینی‌اش آمیخته است   کس نخورد نوش و شکر با پیون

* * *

ای خریدار من تو را به دو چیز به تن و جان و مهر داده ربون

***

گرفته‌روی دریا جمله‌کشتی‌های برتو زبهرِ مدح خواهانت زشروان تابه‌آبسکون

***

هر آن که خاتم مدح تو کرد در انگشت سر از دریچهٔ رنگین برون کند زرین

***

به سرو ماند، گر سرو لاله‌دار بود به‌مورد ماند، گرمورد روید از نسرین

***

گیتیت چنین آید، گردنده بدین‌سان هم
هم باد برین آید و هم باد فرودین

***

به چنگال قهر تو در، خصم بددل
بود همچو چرزی به چنگال شاهین

***

ازان کوز ابری باز کردار
کلفتش بسّدین و تنش زرین

***

چنان‌که خاک سرشتی به زیر خاک شوی
نیات خاک و تو اندر میان خاک آگین

***

آن رخت کتان خویش من رفتم و پردختم
چون گرد بماندستم تنها من و این باهو

***

چرا عمر کرکس دوصد سال؟ ویحک!
نماند فزون‌تر ز سالی پرستو؟

***

عاجز شود از اشک و غریو من
هر ابر بهارگاه بابختو

***

دلبرا، زوکی مجال حاسد غماز تو
رنگ من با تو نبندد بیش ازین ملماز تو

***

یکسو کشمش چادر، یکسو نهمش موزه
این مرده اگر خیزد، ورنه من و چلغوزه

***

ناگـاه بـرآرنـد ز کنـج تـو خروشی
گردند همه جمله و بر ریش تو شاشه

* * *

خوش آن نبیذ غارچی با دوستان یکدله
گیتی به آرام اندرون، مجلس به بانگ و ولوله

* * *

مـاه تمـام است روی دلـبـرک من
وز دو گل سـرخ انـدر و پـر گاله

* * *

ای بـار خـدای، ای نگـار فتنه
ای دیـن خردمـند را تو رخنه

* * *

بـزرگـان جهـان چـون بند گـردن
تو چـون یـاقوت سـرخ انـدر میانه

* * *

زلـفـیـنـک او نهـاده دارد
بـر گـردن هـاروت زاولانــه

* * *

ندارد میل فرزانه به فرزند و به زن هرگز
ببرّد نسل این هر دو، نبرّد نسل فرزانه

* * *

ایا خورشیدسالاران گیتی
سوار رزم‌ساز و گرد نستوه

* * *

گه ارمنده‌ای و گه ارغنده‌ای
گه آشفته‌ای و گه آهسته‌ای

* * *

مهر جویی ز من و بی‌مهری
هده خواهی ز من و بیهده‌ای

* * *

بر تو رسیده بهر دل تنگ چاره‌ای
از حال من ضعیف بیندیش چاره‌ای

* * *

گه در آن کندز بلند نشین
گه بدین بوستان چشم گشای

* * *

کار بوسه چو آب خوردن شور
بخوری بیش، تشنه‌تر گردی

***

بتا، نخواهم گفتن تمام مدح تو را
به شرم دارد خورشید اگر کنم سپری

***

من کنم پیش تو دهان پر باد
تا زنی بر لبم تو زابگری

***

باغ ملک آمد طری از رشحهٔ کلک وزیر
زان که افشک می‌کند مر باغ و بستان را طری

***

چه نیکو سخن گفت یاری به یاری
که تا کی کشم از خسر ذل و خواری؟

***

نیل دمنده تویی به گاه عَطیّت
پیل دمنده به گاه کینه‌گزاری

***

مرا با تو بدین باب تاب نیست
که تو راز به از من به سر بری

***

آهو ز تنگ کوه بیامد به دشت و راغ
بر سبزه باده خوش بود اکنون، اگر خوری

***

از خر و پالیک آن جای رسیدم که همی
موزهٔ چینی می‌خواهم و اسب تازی

***

جهانا، همانا کزین بی‌گناهی
گنه‌کار ماییم و تو بی‌کنازی

***

به جمله خواهم یک ماهه بوسه از تو، بتا
به کیچ‌کیچ نخواهم که فام من توزی

***

ای آن که از عشق تو اندر جگر خویش
آتشکده دارم سد و بر هر مژه‌ای ژی

***

ازو بی‌اندُهی بگزین و شادی با تن‌آسانی
به تیمار جهان دل را چرا باید که بخسانی؟

***

شدم پیر بدین‌سان و تو هم خود نه جوانی
مرا سینه پر انجوخ و تو چون چفته کمانی

***

زر خواهی و ترنج، اینک این دو رخ من
می‌خواهی و گل و نرگس، از آن دو رخ جوی

***

سرو است آن یا بالا؟ ماه است آن یا روی؟
زلف است آن یا چوگان؟ خال است آن یا گوی؟

***

آمــد ایــن نــوبــهــار تــوبــه‌شــکــن
پــرنــیــان گشت بــاغ و بــرزن و کــوی

***

شــاعــر شــهــیــد و شــهــره فــرالاوی
ویــن دیــگــر بــه جــمــلــه هــمــه راوی

***

جز برتری ندانی، گویی که آتشی
جز راستی نجویی، مانا تو رازوی

***

ای مایهٔ خوبی و نیکنامی
روزم ندهد بی‌تو روشنایی

باب چهارم

ابیات پراکنده از مثنوی بحر رمل دو منظومهٔ کلیله و دمنه و سِندبادنامه

هرکه نامخت از گذشت روزگار / نیز نامـوزد ز هیچ آموزگـار

* * *

از خراسان آن خورِ طاووس‌وش / سوی خاور می‌خرامد شاد و خَوش
کآفتاب آید به بخشش زی بره / روی گیتی سبز گردد یکسره
مهر دیدم بامدادان چون بتافت / از خراسان سوی خاور می‌شتافت
نیمروزان بر سر ما برگذشت / چون به خاور شد ز ما نادید گشت

* * *

همچنان سرمه که دخت خوبروی / هم به‌سانِ گرد بـردارد ز روی
گرچه هر روز اندکی بـرداردش / بافدم روزی به پایان آردش

* * *

شب زمستان بود، کَپّی سرد یافت / کرمکی شبتاب ناگاهی بتافت
کَپّیان آتش همی‌پنداشتند / پشتهٔ هیزم برو بر داشتند

* * *

آن گرنج و آن شکر برداشت پاک / وندر آن دستار آن زن بست خاک
باز کرد از خواب زن را نرم و خوش / گفت دزدانـند و آمـد پـای پش

آن زن از دکان فرود آمد چو باد
پس فلرزنگش به دست اندر نهاد

شوی بگشاد آن فلرزش، خاک دید
کرد زن را بانگ و گفتش ای پلید

***

دمنه را گفتا که تا این بانگ چیست؟
با نهیب و سهم این آوای کیست؟

دمنه گفت او را جز این آوا دگر
کار تو نه هست و سهمی بیشتر

آب هرچه بیشتر نیرو کند
بند ورغ سست بوده بفگند

دل گسسته داری از بانگ بلند
رنجکی باشَدت و آواز گزند

***

گفت هنگامی یکی شهزاده بود
گوهری و پرهنر آزاده بود

شد به‌گرمابه‌درون، یک روز غوشت
بود فربی و کلان، بسیارگوشت

***

کشتی‌ای بر آب و کشتیبانش باد
رفتن اندر وادی‌ای یکسان نهاد

نه خله باید، نه باد انگیختن
نه ز کشتی بیم و نه ز آویختن

***

بانگ زله کرد خواهد کرگوش   وایچ ناساید به گرما از خروش
برزند آواز دونانک به دست   بانگ دونانک سه چند آوای هست

* * *

وز درخت اندر، گواهی خواهد اوی   تو بدانگاه از درخت اندر بگوی
کان تبنگوی اندرو دینار بود   آن ستد زیدر که ناهشیار بود

* * *

همچنان کَبتی که دارد انگبین   چون بماند داستان من بر این
کبت ناگه بوی نیلوفر بیافت   خوشش آمد سوی نیلوفر شتافت
وز بر خوش‌بوی نیلوفر نشست   چون گهِ رفتن فراز آمد، نَجَست
تا چو شد در آب نیلوفر نهان   او به زیر آب ماند از ناگهان

* * *

هیچ شادی نیست اندر این جهان   برتر از دیدار روی دوستان
هیچ تلخی نیست بر دل تلخ‌تر   از فراق دوستان پر هنر

* * *

تا جهان بود از سر آدم فراز   کس نبود از راز دانش بی‌نیاز

مـردمـانِ بـخـرد انــدر هـر زمـان — راهِ دانــش را بـه هـرگـونـه زبـان
گِـرد کـردنـد و گـرامـی داشتند — تـا بـه سنگ انـدر همی‌بنگاشتند
دانش اندر دل چراغ روشن است — وز همه بد بر تن تو جوشن است

* * *

گفت بـا خـرگـوش خانه خـان من — خـیـز خـاشـاکـت ازو بـیـرون فگن
چون یکی خاشاک افگنده به کوی — گـوش خـاران را نـیـاز آیـد بـدوی

* * *

آن که را دانم که اویم دشمن است — وز روان پـاک بـدخـواه مـن است
هم به هرگه دوستی جویمش من — هم سخن به آهستگی گویمش من

* * *

کـار چـون بسته شـود بگشایدا — وز پـس هـر غـم طـرب افـزایـدا

* * *

بـار کـژ مـردم بـه کنگرش انـدرا — چون ازو سود است مر شادی تو را

* * *

آفریده مردمان مر رنج را بیش کرده جان رنج آهنج را

* * *

اندر آمد مرد با زن چرب چرب گنده‌پیر از خانه بیرون شد به تَرب

* * *

شاه دیگر روز باغ آراست خوب تخت‌ها بنهاد و برگسترد بوب

* * *

خود تو را جوید همه خوبی و زیب همچنان چون تو جبه جوید نشیب

* * *

پس تبیری دید نزدیک درخت هر گهی بانگی بجستی تند و سخت

* * *

با کُروز و خرّمی، آهو به دشت می‌خرامد چون کسی کو مست گشت

* * *

خایگان تو چو کابیله شده است رنگ او چون رنگ پاتیله شده است

* * *

چون درآمد آن کدیور، مرد زفت / بیل هِشت و داس گاله برگرفت

***

آمد این شبدیز با مرد خراج / دربجنبانید با بانگ و تلاج

***

دست و کف و پای پیران پر کلخج / ریش پیران زرد از بس دود نخج

***

گر خوری از خوردن افزایدت رنج / ور دمی مینو فراز آوردت و گنج

***

گفت خیز اکنون و سازه ره بسیچ / رفت باید، ای پسر، ممغز تو هیچ

***

آهو از دام اندرون آواز داد / پاسخ گرزه به دانش باز داد

***

پادشا سیمرغ دریا را ببرد / خانه و بچه بدان تیتو سپرد

***

اندر آن شهری که موش آهن خورد		باز پرّد در هوا، کودک برد

***

از فراوانی که خشکا مار کرد		زن نهان مر مرد را بیدار کرد

***

آنگهی گنجور مشک آمار کرد		تا مر او را زان بدان بیدار کرد

***

چون که مالیده بدو گستاخ شد		کار مالیده بدو در واخ شد

***

چون که نالنده بدو گستاخ شد		تن‌درستی آمد و در واخ شد

***

کرد روبه یوزواری یک زَغَند		خویشتن را زان میان بیرون فگند

***

مرد دینی رفت و آوردش کَنَند		چون‌همی‌مهمان‌درِمن‌خواست‌کند

***

گنبدی نهمار بر برده، بلند --- نه ستونش از برون، نه زیر بند

❋ ❋ ❋

روز جستن تازیانی چون نوند --- روز دن چون شست ساله سودمند

❋ ❋ ❋

روز جستن تازیانی چون نوند --- بیش باشد تا تو باشی سودمند

❋ ❋ ❋

گربزان شهر با من تاختند --- من ندانستم چه تُنبُل ساختند؟

❋ ❋ ❋

نان آن مدخل ز بس زشتم نمود --- از پی خوردن گوارشتم نبود

❋ ❋ ❋

گفت دینی را که این دینار بود --- کین فراکن موش را پروار بود

❋ ❋ ❋

زن چو این بشنیده شد خاموش بود --- کفشگر کانا و مردی لوش بود

❋ ❋ ❋

سرخی خفچه نگر از سرخبید   معصفرگون، پوشش او خود سفید

***

چون کشف انبوه غوغایی بدید   بانگ وژخ مردمان، خشم آورید

***

سر فرو بردم میان آبخور   از فرنج منش خشم آمد مگر

***

خور به شادی روزگار نوبهار   می گسار اندر تکوک شاهوار

***

داشتی آن تاجر دولت‌شعار   صد قطار سار اندر زیر بار

***

مرد مزدور اندر آغازید کار   پیش او دوستان همی‌زد بی‌کیار

***

آشکوخَد بر زمین هموارتر   همچنان چون بر زمین دشوارتر

***

از تو دارم هرچه در خانه خنور وز تو دارم نیز گندم در کنور

***

گرسنه روباه شـد تا آن تبیر چشم زی او برده، مانده خیرخیر

***

آتشی بنشاند از تن تفت و تیز چـون زمانی بگذرد، گردد گمیز

***

وز چکاوک نوف بینی رستخیز دشـت بـرگیرد بـدان آوای تیز

***

چون گل سرخ از میان پیلگوش یا چو زرین گوشوار از خوبگوش

***

شیر خشم آورد و جست از جای خویش وآمد آن خرگوش را الفغده پیش

***

ابـله و فـرزانه را فـرجام خاک جـایگاه هـر دو انـدر یک مغاک

***

موی سر جغبوت و جامه ریمناک	از برون سو باد سرد و بیمناک

* * *

زد کلوخی بر هباک آن فزاک	شد هباک او به کردار مغاک

* * *

از دهان تو همی‌آید غشاک	پیر گشتی ریخت مویت از هباک

* * *

خشم آمدش و همان گه گفت ویک	خواست کو را برکند از دیده کیک

* * *

ماده گفتا هیچ شرمت نیست، ویک	بس سبکباری، نه بد دانی، نه نیک

* * *

دم سگ بینی ابا بتفوز سگ	خشک گشت، کش نجنبد هیچ رگ

* * *

چون فراز آید بدو آغاز مرگ	دیدنش بیگار گرداند مجرگ

* * *

ایستاده دیدم آنجا دزد و غول | روی‌زشت‌وچشم‌ها‌همچون‌دوغول
***
چون که زن را دید فغ، کرد اشتلم | همچو آهن گشت و نداد ایچ خم
***
تا به خانه برد زن را با دلام | شادمانه زن نشست و شادکام
***
نزد آن شاه زمین کردش پیام | دارویی فرمود زامهران به نام
***
بس که برگفته پشیمان بوده‌ام | بس که بر ناگفته شادان بوده‌ام
***
کرد باید مر مرا و او را رون | شیر تا تیمار دارد خویشتن
***
پس شتابان آمد اینک پیرزن | روی یکسو، کاغه کرده خویشتن
***

زش ازو پاسخ دهم اندر نهان   زش به بیداری میان مردمان

***

چون بگردد پای او از پایدان   خود شکوخیده بماند هم چنان

***

مار و غنده کربشه با کژدمان   خورد ایشان گوشت روی مردمان

***

تاک رز بینی شده دینارگون   پرنیان سبز او زنگارگون

***

از همالان وز برادر من فزون   زان که من امیدوارم نیز یون

***

گر درم داری، گزند آرد بدین   بفگن او را گرم و درویشی گزین

***

مرد را نهمار خشم آمد ازین   غاوشنگی به کف آوردش، گزین

***

ار همه خوبی و نیکی دارد او   ماده ور بر کار خویش ار دارد او

* * *

تنگ شد عالم برو ازبهرِ گاو   شور شور اندر فگند و کاو کاو

* * *

گفت فردا بینی‌ام در پیش تو   خود بیاهنجم ستیم از ریش تو

* * *

کاش آن گوید که باشد بیش نه   بر یکی بر چند بفزاید فره

* * *

هیچ گنجی نیست از فرهنگ به   تا توانی رو هوا زی گنج نه

* * *

روی هر یک چون دو هفته گرد ماه   جامه‌شان غفه، سموری‌شان کلاه

* * *

اختراند آسمانشان جایگاه   هفت تابنده دوان در دو و داه

* * *

سوس پرورده به می بگداخته   نیک درمانی زنان را ساخته

***

پر بکنده، چنگ و چنگل ریخته   خاک گشته، باد خاکش بیخته

***

نزد تو آماده بدو آراسته   جنگ او را خویشتن پیراسته

***

سنجد چیلان بدو نیمه شده   نقطهٔ سرمه به یکیک برزده

***

هست از مغز سرت، ای منگله   همچو رش مانده تهی از کشکله

***

بهترین یاران و نزدیکان همه   نزد او دارم همیشه اندمه

***

پس بیو بارید ایشان را همه   نی شبان را میش زنده، نی رمه

***

جای کرد از بهرِ بودن کازه‌ای   زان که کرده بودشان اندازه‌ای

* * *

گفت: ای من، مرد خام کل درای   پیش آن فرتوت پیر ژاژخای

* * *

بینی و گنده دهان داری و نای   خایگان غر، هر یکی همچون درای

* * *

پیسی و ناسور کون و گربه پای   خایه غر داری تو، چون اشتر درای

* * *

آبکندی دور و بس تاریک جای   لغز لغزان چون درو بنهند پای

* * *

زشت و نافرهخته و نابخردی   آدمی‌رویی و در باطن بدی

* * *

من سخن گویم، تو کانایی کنی   هر زمانی دست بر دستی زنی

* * *

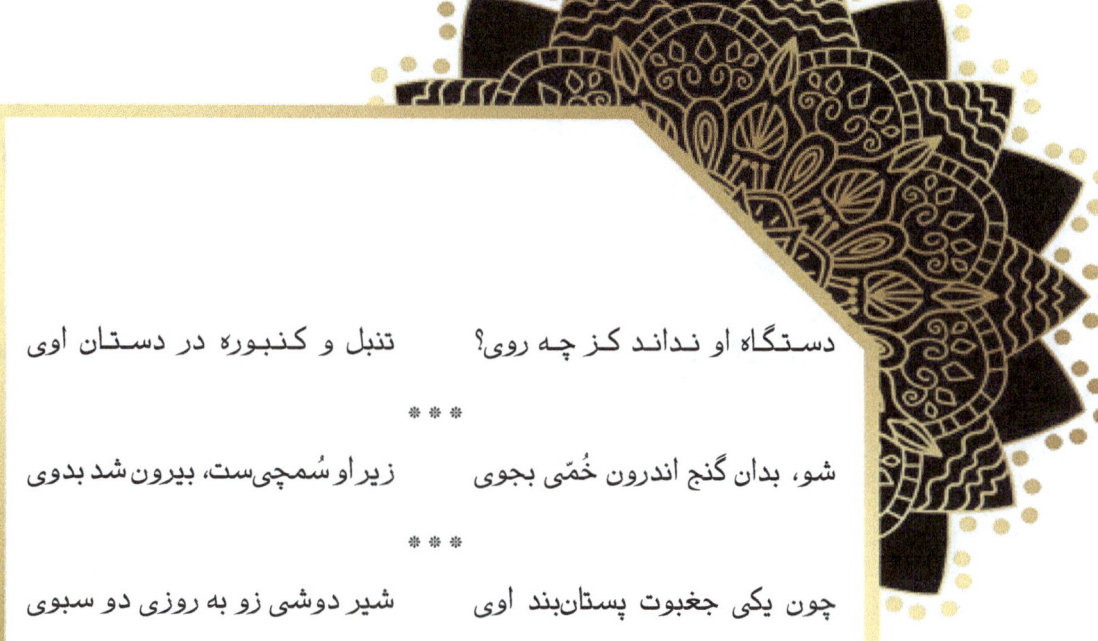

دستگاه او نداند کز چه روی؟ / تنبل و کنبوره در دستان اوی

* * *

شو، بدان گنج اندرون خُمّی بجوی / زیر او سُمچی‌ست، بیرون شد بدوی

* * *

چون یکی جغبوت پستان‌بند اوی / شیر دوشی زو به روزی دو سبوی

* * *

خم و خنبه پر ز انده، دل تهی / زعفران و نرگس و بید و بهی

باب پنجم
ابیات پراکنده از مثنوی بحر متقارب

به اندا نمودند وخشور را		بدید آن سراپا همه نور را

* * *

کفن حِلّه شد کرم بهرامه را		کز ابریشم جان کند جامه را

* * *

به کوه اندرون گفت کمکان ما		بیا و بکن، بگسلد جان ما

* * *

توانی بر او کار بستن فریب		که نادان همه راست ببند و ریب

* * *

گرفت آب کاشه ز سرمای سخت		چو زرّین‌ورق گشت برگ درخت

* * *

ز قلب آن‌چنان سوی دشمن بتاخت		که از هیبتش شیر نر آب تاخت

* * *

چو گشت آن پری‌روی بیمار غنج		ببرید دل زین سرای سپنج

* * *

سگالندهٔ چرخ مانند غوچ / تبر برده بر سر چو تاج خروچ

***

که بر آب و گل نقش ما یاد کرد / که ماهار در بینی باد کرد

***

به دشمن بر، از خشم آواز کرد / تو گفتی مگر تندر آغاز کرد

***

نفس را به عذرم چو انگیز کرد / چو آذرفزا آتشم تیز کرد

***

ز هر خاشه‌ای خویشتن پرورد / که جز خاش وی را چه اندر خورد؟

***

نشست و سخن را همی خاش زد / ز آب دهن کوه را شاش زد

***

به بادافره جاودان کردمند / به دوزخ بماند روانش نژند

***

یکی بزم خرم بیاراستند		می و رود و رامشگران خواستند

* * *

تن خنگ‌بید، ارچه باشد سپید		به تری و نرمی نباشد چو بید

* * *

کفیدش دل از غم، چون آن کفته نار		کفیده شود سنگ تیمارخوار

* * *

درخش، ارنخندد به وقت بهار		همانا نگرید چنین ابر زار

* * *

به دامم نیامد به‌سان تو گور		رهایی نیابی، بدین‌سان مشور

* * *

رسیدند زی شهر چندان فراز		سپه خیمه زد در نشیب‌وفراز

* * *

چه خوش گفت مزدور با آن خدیش		مکن بد به کس، گر نخواهی به خویش

* * *

تن از خوی پر آب و دهان پر ز خاک   زبان گشته از تشنگی چاک‌چاک

* * *

فگندند بر لاد پر نیخ سنگ   نکردند در کار موبد درنگ

* * *

به یک باد اگر بیشتر تار رنگ   که باشد که بیشی بود بی‌درنگ

* * *

دو جوی روان از دهانش ز خلم   دو خرمن زده بر دو چشمش زخیم

* * *

بهار است همواره هر روزی‌ام   به منکر فراوان، به معروف کم

* * *

مکن خویشتن از ره راست گم   که خود را به دوزخ بری بافدم

* * *

به دشت ار به شمشیر بگزاردم   ازان به که ماهی بی‌وباردم

* * *

اگـر بـاشـگـونـه بـود پـیرهـن		بـود حـاجـت بـرکـشـیـدن ز تن

***

جگـرتـشـنـگـانـنـد بـی‌تـوشـگـان		کـه بـیـچـارگـانـنـد و بـی‌زاوران

***

وگـر پـهـلـوانـی نـدانـی زبـان		وَرَزرود را مـاورالـنـهـر دان

***

کـه هـرگـه کـه تـیـره بـگـردد جهان		بـسـوزد چـو دوزخ شـود بـا دران

***

بـدانـدیـش دشـمـن بـرو ویـل جو		کـه تـا چـون سـتـانـد از او چـیز او

***

سرشک از مـژه همچو دُر ریخته		چـو خـوشـه ز سـارونـه آویـخـتـه

***

نشسته به صد چشم بر بـاره‌ای		گـرفـتـه بـه چـنـگ انـدرون بـاره‌ای

***

لب بخت پیروز را خنده‌ای		مرا نیز مروای فرخنده‌ای

***

میلفنج دشمن، که دشمن یکی		فزون است و دوست ار هزار اندکی

***

ایا خلعت فاخر از خرّمی		همی‌رفتی و می‌نوشتی زمی

***

جوان بودم و پنبه فخمیدمی		چو فخمیده شد دانه برچیدمی

***

جوان چون بدید آن نگاریده روی		به‌سان دو زنجیر مرغول موی

***

به خنیاگری نغز آورد روی		که چیزی که دل خوش کند، آن بگوی

***

به چشم دلت دید باید جهان		که چشم سر تو نبیند نهان
بدین آشکارت ببین آشکار		نهانیت را بر نهانی گمار

باب ششم
ابیات پراکنده از مثنوی بحر خفیف

تا سمو سر برآورید از دشت　　گشت زنگارگون همه لب کشت
هر یکی کاردی ز خوان برداشت　　تا پزند از سمو طعامک چاشت

* * *

نیست فکری به غیر یار مرا　　عشق شد در جهان فیار مرا

* * *

زرع و ذرع از بهار شد چو بهشت　　زرع کشت است و ذرع گوشهٔ کشت

* * *

اشتر گرسنه کسیمه برد　　کی شکوهد ز خار؟ چیره خورد

* * *

هر که را راهبر زغن باشد　　گذر او به مرغزن باشد

* * *

دیوه هرچند کابرشم بکند　　هرچه آن بیشتر به خویش تند

* * *

گاو مسکین ز کید دمنه چه دید؟　　وز بد زاغ بوم را چه رسید؟

* * *

دور ماند از سرای خویش و تبار   نسری ساخت بر سر کهسار

* * *

گرچه نامردم است آن ناکس   نشود سیر از او دلم یرگس

* * *

دخت کسری ز نسل کیکاوس   درستی نام، نغز چون طاوس

* * *

تبر از بس که زد به دشمن کوس   سرخ شد همچو لالکای خروس

* * *

آن که از این سخن شنید ارزش   باز پیش آر تا کند پژهش

* * *

خویشتن پاک دار و بی‌پرخاش   هیچکس را مباش عاشق غاش

* * *

خویشتن پاک دار بی‌پرخاش   رو به آغاش اندرون مخراش

* * *

خویش بیگانه گردد از پی دیش / خواهی آن روز مزد کمتر دیش

***

از بزرگی که هستی، ای خشنوک / چاکرت بر کتف نهد دفنوک

***

از تو خالی نگارخانهٔ جم / فرش دیبا فگنده بر بجکم

***

من چنین زار ازان جماش شدم / همچو آتش میان داش شدم

***

من چنان زار ازان جماش درم / همچو آتش میان داش درم

***

جان ترنجیده و شکسته دلم / گویی از غم همی‌فروگسلم

***

باد بر تو مبارک و خنشان / جشن نوروز و گوسپندکشان

***

بودنی بود، می بیار اکنون	رطل پرکن، مگوی بیش سخون

٭٭٭

چون نهاد او پهند را نیکو	قید شد در پهند او آهو

٭٭٭

چون به بانگ آمد از هوا بخنو	می خور و بانگ رود و چنگ شنو

٭٭٭

از شبستان به بشکم آمد شاه	گشت بشکم ز دلبران چون ماه

٭٭٭

ریش و سبلت همی خضاب کنی	خویشتن را همی عذاب کنی

٭٭٭

آن که نشک آفرید و سرو سهی	وان که بید آفرید و نار و بهی

باب هفتم
ابیات پراکنده از مثنوی بحر هزج

شبی دیرند و ظلمت را مهیا چو نابینا در او دو چشم بینا

درنگ آر، ای سپهر چرخوارا کیاخن ترت باید کرد کارا

چراغان در شب چک آن چنان شد که گیتی رشک هفتم آسمان شد

چو یاوندان به مجلس می‌گرفتند ز مجلس مست چون گشتند رفتند

نیارم بر کسی این راز بگشود مرا از خال هندوی تو بفنود

اگرچه در وفا بی‌شبهی و دیس نمی‌دانی تو قدر من ازندیس

بود زودا که آیی نیک خاموش چو مرغابی زنی در آب پاغوش

الهی، از خودم بستان و گم کن   به نور پاک بر من اُشتُلم کن

***

سر سروقدش شد باژگونه   دو تا شد پشت او همچون درونه

***

تو از فرغول باید دور باشی   شوی دنبال کار و جان خراشی

***

به راه اندر همی‌شد شاهراهی   رسید او تا به نزد پادشاهی

***

بهشت‌آیین سرایی را بپرداخت   ز هرگونه در او تمثال‌ها ساخت
ز عود و چَندَن او را آستانه   درش سیمین و زرّین پالکانه

باب هشتم
ابیات پراکنده از مثنوی‌های اوزان دیگر

مثنوی بحر مضارع

ای بلبل خوش‌آوا، آوا ده   ای ساقی، آن قدح با ما ده

***

جوانی گسست و چیره‌زبانی   طبعم گرفت نیز گرانی

***

با صدهزار مردم تنهایی   بی صدهزار مردم تنهایی

***

مثنوی بحر سریع

جامهٔ پر صورت دهر، ای جوان   چرک شد و شد به کف گازران

رنگ همه خام و چنان پیچوتاب   منتظرم تا چه برآید ز آب؟

***

لقمه‌ای از زهر زده در دهن   مرگ فشردش همه در زیر غن

***

مثنوی دیگر بحر هزج

بگرفت به چنگ چنگ و بنشست   بنواخت به شست چنگ را شست

***

فرخار بزرگ و نیک جایی‌ست   کان موضع آن بت نوایی‌ست

***

نه کفشگری که دوختستی   نه گندم و جو فروختستی

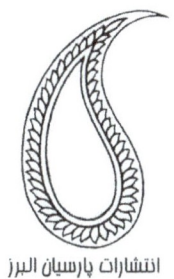

انتشارات پارسیان البرز

Kidsocado Publishing House

این مجموعه بسیار نفیس که در دست شما است
با استانداردهایی مانند فونت ساده برای سهولت خواندن ایرانیان
خارج از کشور و طراحی داخلی زیبا و متن کامل
با کوشش و همکاری دو موسسه یعنی
موسسه انتشارات البرز پارسیان در ایران و
خانه انتشارات کیدزوکادو در کانادا
تهیه شده است.
هر دو موسسه با هدف بسیار والای جهانی کردن
آثار شعرا و نویسندگان
ایرانی این فعالیت را ادامه داده
و امیدوارست به زودی
آثار با ارزشی از ادبیات غنی ایران به
خانه‌ها و کتابخانه های شما هدیه دهد.

آثار ادبی دیگری که می‌توانید از این مجموعه تهیه کنید و از آن لذت ببرید:

اینجا را کلیک کنید:

www.ingramcontent.com/pod-product-compliance
Lightning Source LLC
Chambersburg PA
CBHW082042200426
43209CB00054B/1544
* 9 7 8 1 7 7 8 9 2 0 4 1 7 *